品质课程聚焦丛书

王雪梅　杨四耕　主编

泛项目化课程

艺术学科视角

裴章云◎主编

全国教育科学"十三五"规划课题

"区域推进中小学品质课程建设的实践研究"

（课题编号 FHB180571）之研究成果

华东师范大学出版社

·上海·

图书在版编目（CIP）数据

泛项目化课程：艺术学科视角 / 裴章云主编. —
上海：华东师范大学出版社，2022
（品质课程聚焦丛书）
ISBN 978-7-5760-2626-9

Ⅰ.①泛…　Ⅱ.①裴…　Ⅲ.①艺术教育-教学研究-
中小学　Ⅳ.①G633.950.2

中国版本图书馆 CIP 数据核字（2022）第 051854 号

品质课程聚焦丛书

泛项目化课程：艺术学科视角

丛书编辑　王雪梅　杨四耕
主　　编　裴章云
责任编辑　刘　佳
特约审读　徐思思
责任校对　廖钰娴　时东明
装帧设计　卢晓红

出版发行　华东师范大学出版社
社　　址　上海市中山北路3663号　邮编 200062
网　　址　www.ecnupress.com.cn
电　　话　021-60821666　行政传真 021-62572105
客服电话　021-62865537　门市（邮购）电话 021-62869887
地　　址　上海市中山北路3663号华东师范大学校内先锋路口
网　　店　http://hdsdcbs.tmall.com

印 刷 者　昆山市亭林印刷有限责任公司
开　　本　787毫米×1092毫米　1/16
印　　张　11.75
字　　数　112千字
版　　次　2022年10月第1版
印　　次　2022年10月第1次
书　　号　ISBN 978-7-5760-2626-9
定　　价　38.00元

出 版 人　王　焰

（如发现本版图书有印订质量问题,请寄回本社客服中心调换或电话021-62865537联系）

丛书编委会

主　编

　　王雪梅　杨四耕

编　委

　　孙　波　李德山　崔春华　裴文云　李　红　廖纯连　苏家云

　　刘文芬　王慧珍　牛旌丽　柴　敏　吴长生　裴章云　刘　兵

本书编委会

主　编

　　裴章云

成　员

　　程兴林　鲍晨娟　刘梦梦

丛书总序

　　自2015年以来，我们在合肥市蜀山区推进"品质课程"项目，致力于学校课程文化变革，改变区域课程改革生态。这些年，我们深刻地感受到，课程是一种文化存在，文化是课程的存在方式和存在本身。

　　怀特海指出，过程是世界万物固有的本性。[①] 在他看来，"事件"和"事物"不同：事件是唯一的，是不可重复的；而事物则是自然之物，是永恒的。[②] 据此，我们认为，课程文化不仅仅是事物的集合，更是事件的生成。我们可将课程文化理解为事件之展开而非仅仅是事物之集合，由此所展现的将是课程文化要素、课程文化形态、课程文化主体共同构成的一幅立体兼容的文化图景。

　　从"事物"角度看，课程文化是课程形态和课程实践蕴含的价值、信仰、规范以及语言等文化要素的合生体，这些文化要素构成了课程文化的基质。因此，课程文化是一种信仰、一种语言、一种规范、一种眼光、一种思维方式、一种处理问题的方式，它们具体表现为课程精神文化、行为文化、制度文化以及物质文化。课程文化要素的相互摄入以及微观生成，构成学校课程文化变革的内在过程。在怀特海看来，把具体要素据为己有的每一过程叫作摄入。[③]"摄入"理论从微观层面说明了现实存在自我生成的内在机制。

　　课程精神文化、行为文化、制度文化以及物质文化诸要素相互摄入进而存在于另一存在之中，成为相互依存的合生体。在这个合生体中，课程精神文化是最核心的、最深层的、根部性的文化要素，是课程物质文化、制度文化与行为文化的价值凝练和理念引领。课程制度文化是具有中介性质的文化，它联结课程物质文化和行为文化，既是课程物质文化的制度保证，又是课程

① 怀特海.过程与实在：宇宙论研究（修订版）[M].杨富斌，译.北京：中国人民大学出版社，2013.
② 陈奎德.怀特海哲学演化概论[M].上海：上海人民出版社，1998.
③ 杨富斌，等.怀特海过程哲学研究[M].北京：中国人民大学出版社，2018.

行为文化的规约机制。课程行为文化是课程文化的表现，既受课程精神文化的直接影响，又受课程制度文化的现实规范。课程物质文化处在表层，是课程精神文化、课程行为文化和制度文化的空间和载体。如此，课程文化诸要素相互摄入、相互作用，共同构成课程文化的深层结构。

课程文化变革过程包含"物质性摄入"与"概念性摄入"，[①]这两种摄入是多维关联的重构过程，其中微观生成是生动活泼而丰富多彩的。一般地说，学校课程文化诸要素之间的相互摄入，其中课程精神文化居于核心地位，它体现于其他各要素之中。课程文化变革可以从课程文化的部分要素开始，以点带面，但要实现课程文化彻底转向，或要真正提升学校课程品质，就必须整体协调课程文化之各要素，就要以"文化的眼光"或"思维方式"进行这种摄入行动的思考和判断。

以上是课程文化的"事物观"及其变革机理。在这里，我想再说一个观点，那就是：课程文化不是简单的要素组合，而是一个展开的事件。正如巴迪欧在《存在与事件》一书中所言：真理只有通过与支撑它的秩序决裂才得以建构，它绝非那个秩序的结果；我把这种开启真理的决裂称为"事件"；真正的哲学不是始于结构的事实（文化的、语言的、制度的等），而是仅始于发生的事件，始于仍然处于完全不可预料的突现的形式中的事件。[②]从"事件"角度看，课程文化是一个不可能重复出现的生成过程，处于不断运动变化之中。作为"事件"的课程文化之真理即是在完整的课程实践中成就人、发展人和完善人。

课程文化是学校里公开的或隐蔽的信念、行为、习惯和价值观等要素相互"包含""进入""创造""构成"的"合生"事件，它融合了课程的物质和精神两个层面的意涵，它不仅包含课程意识、课程理念、课程价值等内隐的精神文化形态，而且包含学校课程实践过程中所创造的课程物质、课程制度以及课程行为等外显的文化形态，是诸要素相互参与和多维互动的创造过程，是"事件"的生成与发生过程——因为"文化的每一个方面都是一个能够改

---

① 怀特海认为，对现实存在的摄入——其材料包含着现实存在的摄入——叫作"物质性摄入"；对永恒客体的摄入叫作"概念性摄入"。参阅：杨富斌，等.怀特海过程哲学研究［M］.北京：中国人民大学出版社，2018.

② Alain Badiou. Being and Event［M］. London: Continuum International Publishing Group, 2006.

变文化的创造源，都是非常主动的创造性力量"①。

一种文化首先意味着一种眼光，眼光不同，对所有事情的理解就不同。②
课程文化是我们做事的眼光、处事方式或思维习惯，是生长着的"事件"，是
我们理解课程实践、推进课程变革的眼光。当然，课程文化虽然是一个"事
件"，但在本体论意义上，课程文化仍然是一种不易感知的实在。人类学家指
出，人们一般意识不到他们身边的文化，因为此类文化表现为平常的生活，
表现为看上去正常和自然的东西。文化以无意识的状态或者说未被检查的状
态悄悄地让我们做出选择、进入生活。③

但是，这并不妨碍我们认识课程文化，我们仍然可以用智慧感知课程文
化的存在，我们仍然可以用眼睛捕捉课程物质文化、制度文化、行为文化和
精神文化。课程物质文化是以物质形态存在的设施和空间，这是课程文化赖
以存在的物质基础与场域条件；课程制度文化是学校制定的规约课程实践的
活动程序和价值规范，是学校课程变革过程中形成的价值体系和活动规则；
课程行为文化是行为主体在长期的课程实践过程中形成的处理课程事务的一
以贯之的行为方式，这种行为方式具有长期稳定性、潜意识性和无需提醒等
特点；课程精神文化是学校课程文化的核心，是主导学校课程实践的理念和
精神，通常会借助富有哲理的语言加以概括。这些课程文化要素，我们可以
"看见"它们的合生性存在，也可以"分辨"它们的原子性存在。

我们的结论是：课程与文化有着天然的血肉联系，凡是课程变革一定是
文化变革，没有文化内核的课程变革很难取得成功；文化变革需要课程建设
支撑，没有课程支撑的文化变革是不可思议的。怀特海指出，现实存在就是
合生，每一个现实存在都不是只有一种元素的简单的存在，不是原子论意义
上的存在，而是由诸多要素构成的合生或有机体。④在学校课程变革过程中，
课程与文化二者"合生"即生成课程文化。课程与文化的"合生"设计，是
学校课程文化变革的重要方法。

在具体操作上，推进学校课程文化变革有两条道路可供选择。第一条道

---

① ② 赵汀阳.赵汀阳自选集［M］.桂林：广西师范大学出版社，2000.
③ 约瑟夫，等.课程文化［M］.余强，译.杭州：浙江教育出版社，2008.
④ 怀特海.过程与实在：宇宙论研究（修订版）［M］.杨富斌，译.北京：中国人民大学出版社，
2013.

路是自上而下的演绎道路，实现从文化概念到课程设计的"合生"。首先确定学校课程哲学，包括学校课程理念、课程愿景、育人目标和课程目标。其次，厘定学校育人目标和课程目标。再次，梳理学校课程框架，设计学校课程内容。复次，活跃学校课程实施，使课程功能最大化。最后，把握学校课程评价和管理。如此，课程文化建设是从文化概念建构开始的，由此展开学校课程整体规划，实现从文化概念到课程设计的"合生"。

第二条道路是自下而上的归纳道路，实现从课程实践到文化逻辑的"合生"。学校课程文化建设实际上也是学校文化决策过程，每一所学校都有自己的文化背景，包括周边的文化资源、历史传统、现实经验，这是学校课程文化变革的客观基础，也是学校课程哲学生长的土壤，"土质"的不同导致学校课程哲学追求的不同。在分析学校课程情境的基础上，对学生的需求进行调查，了解现有课程的实施情况，发现学校课程中存在的问题；根据学校课程情境分析和学生需求调查，形成学校课程哲学，明确学校的育人目标和课程目标；基于课程价值需求分析，建构学校课程框架与体系；布局学校课程实施的多维途径和多种方式，确保课程实施的有序与有效；制定一套课程管理制度，保障课程变革顺利推进；制定一套评估方法，对课程品质进行评估。这是由课程实践到文化逻辑的"合生"过程。

合肥市蜀山区"品质课程"项目实践表明，学校课程文化变革可以是演绎式，也可以是归纳式。演绎式可理解为"概念先行——实践验证"方式；归纳式可理解为"实践探索——归纳提升"方式。课程是具有情境性和价值负载的文本，学校课程文化变革宜采取"理论、研究与实践互动"的方式。这种方式不完全依赖于概念或理论，也不脱离学校实际情境。在学校课程实践中，以学校课程情境为基础，以课程的实际问题为切入点，以理论为指导，以概念为圆心，边研究边行动，在实践中总结提炼，又在实践中加以验证与改造，在理论与实践的互动互补、碰撞对话中生成学校独有的课程文化框架。

马克思说："全部社会生活在本质上是实践的。凡是把理论引向神秘主义的神秘东西，都能在人的实践中以及对这种实践的理解中得到合理的解决。"①

---

① 马克思恩格斯选集（第1卷）[M].中央编译局，译.北京：人民出版社，1995.

合肥市蜀山区"品质课程"项目探索告诉我们：实践是课程文化价值实现的根本途径，是推进学校课程文化变革的关键力量。学校课程文化变革必须为行动提供充分的理据，从而使得行动趋于合理化，增强学校文化变革的认同感和一致性。在某种意义上，这也是一种文化自觉。

杨四耕

2021年2月5日于上海市教育科学研究院

目录

　　泛项目化课程是学科以项目为中心组织课程内容，并通过完成项目的形式进行学习的课程，是学科课程的校本化创意。儿童参与实践完成一个个项目课程，提高自己的审美素养和艺术技能。泛项目化课程中情境的设置，有利于激发儿童内在学习动力和兴趣，充分保护和发展儿童的个性，提升儿童在现实情境中敏锐发现问题、正确分析问题并成功解决问题的能力。

　　让兴趣引领每一个儿童前行，让每一个儿童绽放生命的精彩。泛项目化课程以培养儿童的创新精神和实践能力为重点，关注儿童兴趣点，激发儿童主动探索未知领域的欲望，让儿童在生活情境中能以自主、合作探究的方式参与艺术探究活动。它提升了儿童审美能力，使其最终获得成功的喜悦。泛项目化课程具有自主性、生活性和丰富性的特征。

第三章　泛项目化课程的框架与内容　—— 55

"知识日新月异、越积越厚，而学生的时间和精力终究有限。"当前国家课程中的美术与音乐在人文性、审美性和实践性的价值观导向上，仍存在不足。很多一线教师表示在累积教学实践的过程中，单纯地依据国家教材进行教学，并不能满足儿童的现实需要。泛项目化课程旨在一切为了儿童，在已有的国家教材的基础上，继续深入探究更多的拓展性课程。

第四章　泛项目化课程的策略与方法　—— 77

"学生是有血有肉的人，教育的目的是激发和引导他们的自我发展之路。"杜威眼中的教育无目的，教育即生长。泛项目化课程的规划与设计必须立足于儿童真正的需要，学校需要思考：泛项目化课程是什么样的教育？想要培养什么样的儿童？什么是泛项目化课程更行之有效的策略与方法？这些根本的问题不容遗忘。如果为了变革被裹挟着前进，失去思考的发展就超越不了过去，反而模糊了前路，陷入迷雾重重的现在。

第五章　　泛项目化课程的实施与推进　　　— 97

课程实施程度是衡量课程实施品质的重要指标，探究教师如何落实课程、如何将课程方案的新观念转化为实践以及相应的课程实施程度。泛项目化课程的观念更多的是对儿童的"创造力""兴趣点""实践力"的关注。在实施的指标上，要以国家教育政策为总纲，以"系统科学"为指引，更加关注课程的丰富性、选择性；关注学习的探究性、实践性；关注过程的互动性、有效性。课程实施的重点是教学，因此，在泛项目化课程的实施和推进中力求教学形式的多样与创新。

　　课程管理质量包括课程管理制度运行的有效性、课程资源保障的达成度、课程自评决策的贯彻度等三个要素。课程管理是课程建设的"验收"环节，回答"学校要提供哪些保障使课程有效运作并及时反馈和更新"的问题。泛项目化课程坚持以高效管理为保障，以师生发展为目标，坚守育人的核心价值，带领艺术课程实现真正意义上的内涵与跨越式发展。

后　记　　　　　　　　　　　　　　　　—— **160**

前言

美是纯洁道德、丰富精神的重要源泉。美育是审美教育、情操教育、心灵教育，也是丰富想象力和培养创新意识的教育，能提升审美素养、陶冶情操、温润心灵、激发创新创造活力。自古以来爱美之心人皆有之，《论语·八佾》里记载："子谓《韶》，尽美矣，又尽善也；谓《武》，尽美矣，未尽善也。"孔子将"美"与"善"统一，提倡审美境界与道德境界的统一，由此可见美育是以道德为基准的。教育部印发的《关于全面深化课程改革，落实立德树人根本任务的意见》指出：美育是依托审美教育来营造全面育人的氛围，起到了立德树人、培根铸魂的作用，这充分说明了美育在当今教育中所起的重要作用。

一、基于现状，泛项目化课程的使命与担当

现实生活中很多人容易忽视身边的美，缺乏欣赏和创造美的能力，他们很多时候关注的是人和物的外在形象，而忽略了它们的内涵，这些无疑是对"美"的曲解，真正的美应该是真与善的合体。如何感受美、欣赏美、创造美，从而提高审美鉴赏能力，是广大艺术教育者的任务。2018年4月23日教育部召开全国美育工作会议，会上陈宝生部长肯定成绩之余，也提请教育界注意"美育仍然是教育工作的薄弱环节，仍然是素质教育中亟待补齐的短板"。美育是素质教育不可缺少的组成部分，其中音乐教育和美术教育尤为重要。

一直以来，受传统应试教育和"唯分数"评价体制的钳制，艺术教育存在许多问题，主要表现有：

第一，艺术教育一直存在边缘化现象。一些地方和学校，特别是偏远和薄弱地区的教育观念存在问题。其具体表现为对艺术教育认识不足、重视不够，没有把艺术教育放在应有的位置。学校通常把音乐、美术等学科当作

"副科"，甚至同样一节课因为所谓的"主副科"，也会使得工作量计算不同，这是对艺术课程的歧视和不公正评判。另外，艺术教育在时间上也没有保障，如果遇到大小考试，艺术课随时有被挤占的危险；在师资配备上，特别在偏远的小学，艺术课谁都可以教，导致艺术教育在学校一直处于沉默和边缘化状态。

第二，艺术教育过于强调技能化。究其原因主要还是艺术教育目标确立存在问题。目标如何确定，首先要知道何谓"艺术教育"。美国当代著名的美学家托马斯·门罗在谈美国艺术教育时，曾经将其划分为四种不同类型："一种是强调艺术实践中的技术训练，其目的在于培养艺术家；第二种是强调艺术的评价、欣赏和理解；第三种强调艺术史的系统教育；还有一种是强调艺术的教学方法，主要目的是造就艺术师资。"在托马斯·门罗所列举的艺术教育类型中，从性质上来说，只有第二种强调艺术的评价、欣赏和理解才是基础教育里的艺术教育，而其余三种均为专业性很强的艺术教育。正因为艺术教育有普通教育和专业教育之分，所以在现实教育中学校忽视了普通艺术教育，只单纯地注重对技能的学习与对知识的教育，忽视了儿童本身对于美的感受。在这种教育观念下，培养出来的儿童只会是懂得一些专业技巧的"小匠人"，而不是具有创造性审美思维的"小大师"，从而违背了艺术教育的初心。

第三，艺术教育方式上过于单一化。如教学主体单一、教学形式单一，教学场地主要也是集中在课堂，导致教学内容也会受到限制，只能是教材上的知识，不够贴近生活、贴近自然。艺术原本来源于生活，一旦脱离了它生存的土壤，只能是纸上谈兵，儿童的许多艺术天赋也会受阻，甚至被扼杀在摇篮里。艺术教育只要与生活脱节，也就谈不上是什么素质教育，从而在一定程度上限制了艺术教育的发展，影响儿童综合素质的提高。

艺术教育在人的发展、社会进步的进程中具有不可替代的重要作用，柏拉图甚至有这样一个观点：艺术应成为教育的基础。可以说，不重视德育，损害的是一代人的道德水准；不重视智育，损害的是一代人的认知水平；不重视体育，损害的是一代人的身体健康；而不重视艺术教育，损害的则是一代人的心灵世界，一个民族的精神、想象力和创造力。

爱德华·费思克在《变革中的优胜者：艺术对学习的影响》一文中高度

肯定了艺术的一些非学术性价值，这些价值是为严密的科学研究所证实的：艺术能以不寻常的方法启发那些通常的教育所开发不到的孩子，从而降低学生迟到、旷课和辍学的概率；艺术使学生能更好地与他人交往，更多地体会到友谊的可贵而减少打骂、讽刺他人和种族歧视的行为；艺术教育还能为学生创造一个环境，以重新激发为填鸭式教育所困惑的学生的求知欲；艺术对所有层次的学生都提出了挑战，无论是先天不足的还是天资聪颖的，每个人都能找到自己的位置，表现自己的能力。

基于当前中小学校艺术教育存在的问题和艺术教育对于儿童全面发展所起的重要作用，以及落实《基础教育课程改革纲要（试行）》提出的"改变课程管理过于集中的状况，实行国家、地方、学校三级课程管理，增强课程对地方、学校及学生的适应性"，"泛项目化课程"应时而生，它的实施，为的是解决当前学校美育发展不平衡不充分的问题。

二、基于未来，泛项目化课程变"碎片学习"为"深度学习"

"泛项目化课程"主要是依据建构主义学习理论、杜威的实用主义教育理论和情境学习理论，以及基于对国家美育政策的认真执行而研制的一种课程模式。我们想从艺术视角，主要是美术、音乐这两个学科来作为切入点，寻找解决艺术教育现在所面临的诸多问题的方法。在统一使用国家教材的同时，也是想通过这一课程，因地制宜，适当地补充丰富学校特色课程。

关于"泛项目化课程"，"泛"基本解释有：1. 在水上漂浮；2. 一般，不深入；3. 透出，漾出；4. 江河湖泊的水满溢出来；5. 广泛、普遍。在这里我们是指广泛、普遍，还有泛论之意。因为美，无处不在，它不仅在书本上，更多的是在教室外、生活中，这就决定了艺术教育必须是基础的、广泛的；另外也是因为初次尝试这种课程模式，难免会有不足和考虑不到的地方，有些地方可能会不深入、不够细致，在具体实施中难免需要逐步完善和改进，所以我们选择"泛"。

"项目化课程"实质上是一种以交往、对话、实践活动为主导，理论与实践有机结合，并以典型的项目为载体的"做中学"课程。这种课程是用完成项目化任务的方式来学习的。具体模式就是以问题解决为目的，以自主建构式学习为主要方式，通过跨学科知识的融合运用、合理的人员分工、相互合作，最终以展示交流成果的形式完成项目任务。这种有一定周期性的学习活动，我们把它定义为"项目化课程"。

一方面，"泛"建立在项目化课程基础上，内容更广泛、宽泛；另一方面，我们设置的项目化课程是基于《义务教育美术课程标准（2011年版）》和《义务教育音乐课程标准（2011年版）》之外的校本课程补充内容。因为艺术来源于生活，但艺术又高于生活，这就决定了它必须是一种带有特定目的的、组织化了的生活，因此，它决定了艺术教育是一种"泛"教育。而这种组织化了的生活我们用"泛项目化课程"的形式呈现是最好的选择，它是学科课程的校本化和补充。

"泛项目化课程"这种艺术教育模式能让"个体主体不断汲取交往实践的物质、能量、信息成果，改变自己的主体图式、情势、本性，凝塑出新的品格、新的素质，使之在交往中不断进化"[①]，将各学科知识、技能的"碎片学习"转为解决现实问题的"深度学习"。所以研制和实施"泛项目化课程"，能更好地秉承此课程理念。

三、基于需求，泛项目化课程变"教材内容"为"项目任务"

"泛项目化课程"的理念是想让兴趣引领每个儿童绽放生命的精彩。因为"泛项目化课程"以建构主义及加德纳的多元智能理论为基础，"让每只鸟都歌唱，让每朵花都开放"，是泛项目化课程创设的初心。"泛项目化课程"学习是一种以儿童为中心的学习模式，具有以下一些主要特征：

一是自主性。"泛项目化课程"内容选择是根据儿童的需求和兴趣喜好确定的，因此，泛项目化学习强调以学习者为主体。在项目实施中，儿童由原先被动的知识接收者变为主动的知识建构者。儿童可以自由地选择项目课程，在完成泛项目任务中，发现和解决问题的形式也是自主探究、自主决策，从而更能有效地促进儿童的全面发展。

二是生活性。"泛项目化课程"除了具有自主性特征以外，它还与现实生活密切联系，具有生活性。"泛项目化课程"学习是基于艺术学科核心素养下的一种学习内容，它的主要特点是把学习活动放在真实而有意义的生活情境

---

① 任平.广义认识论原理［M］.南京：江苏人民出版社，1992：43.

中。通过泛项目化任务的学习与完成，实现知识由理论到实践的转换与运用，从而促进学科核心素养的形成。

三是丰富性。泛项目化学习无论从学习内容、方法和学习场地上，都有着丰富多彩的形式。泛项目化学习资源除了教材以外，还可以利用网络、学习资源库、实践活动等获取。学习过程可以利用远程多媒体技术、课堂教学、校外专家等完成任务。另外，泛项目化学习是以团队合作的形式来学习和完成任务的，它的多层次、多角度、合作化的学习形式为儿童营造了一个动态的、开放的、交互性的情境，为儿童充分发挥创造能力提供了有力的保障。

四、基于生态，泛项目化课程变"必修课程"为"自选课程"

"泛项目化课程"是一门跨学科的课程，它以培养儿童综合能力为导向，关注儿童的积极参与和开放生成。本书基于课程编制的原理分别从课程的目标、开发设计、实施、评价、管理等几个方面，对"泛项目化课程"做了详细阐述和编排。在课程内容的开发和设计上，它有以下一些特点：

课程内容要与儿童和学校教育的特色相适应。所有项目任务都是以儿童的喜好、需要和能力所及为基础的学习活动，并尽可能与之相适应，打破学科壁垒，积极与其他学科融合，因材施教、因地制宜设计项目，充分利用学校的地理位置、教学资源乃至师资情况，变"必修课程"为"自选课程"。

"泛项目化课程"的内容突出了泛项目化课程学习中人与人之间的教育关系，即主体间的交往关系，而不是简单的主客体模式。真正的教育应该像雅斯贝尔斯说的那样，即"人对人的主体间灵肉交流活动"，而不是"理智知识和认识的堆积"[①]。"泛项目化课程"是通过艺术课程的学习，来促进受教育者个性的成长，发展儿童作为一个独立个体的各种品格和能力，从而促进儿童的核心素养形成和关键能力的培育。

"泛项目化课程"打破了长久以来班级授课制下的课堂教学模式，无论是在目标、时间、空间、学习方式还是教学内容的组织方式上，都发生了变化。因此，要想推进泛项目化课程学习，我们就要敢于打破原有的课程架构。原

---

① 雅斯贝尔斯.什么是教育［M］.邹进，译.北京：生活·读书·新知三联书店，1991（3）：2-4.

有的分科课程资源及其架构无法适应泛项目化课程学习的需求，我们必须要按照泛项目化课程学习的特点重新开发和设置项目任务。因此，在课程开发与建构的过程中，需要努力尝试与国家课程标准对接，确保完成课程标准规定的应该完成的教育教学目标。所以泛项目化课程变"必修课程"为"自选课程"，需从艺术视角设计"1+X"的泛项目化课程框架和内容。

五、基于实践，泛项目化课程的创新与发展

"泛项目化课程"在实施与评价方面，深入贯彻《深化新时代教育评价改革总体方案》，坚持落实立德树人根本任务，坚持立足于儿童的需要，创设真实的任务情境、设计多元的任务路径。一方面是依托课堂教学，即采用与国家统编教材整合的形式，这种教法更倾向于乔伊斯与韦尔说的"信息加工类"实施模式；另一方面更多采用的是后三种教学模式。

泛项目化课程采用交往式的教学，打破传统的课堂教学模式，在具体的任务完成过程中，主体间有合作、有探讨、有异议，甚至还会有争执，这些现象实际上也是现实生活中的模样。这样的实施方式无论是对儿童的学习还是能力的发展，无疑都会起到促进的作用。"行为系统类"教学模式其实也是包含在交往中，它主要依托一些开放性的教学实践，培养儿童的各方面能力与素养。

泛项目化课程还采用个性化教学等激起兴趣的方式，寻找儿童的闪光点，在内容的选择上也体现出了这种个性化的特色。例如利用研学游、艺术节及各种课后社团的创新学习方式，完成一个个项目任务。通过现实生活、公众环境等各种时空情境的不同，充分激发儿童各方面的潜能，从而促进其全面发展。

六、基于高效，泛项目化课程的凝聚力与亲和力

"泛项目化课程"在研制过程中，各实验校在前期都进行了各方面的准备工作。为了加强课程的凝聚力和亲和力，学校多方征求老师和儿童的意见，并对老师和儿童进行了全面的摸底和评估，包括各种资源库的收集与整理，对家长和社会也进行了大量的宣传。除了整合各方面资源，鼓励和引导社会资金支持学校艺术发展，吸引社会捐赠，多渠道增加投入以外，最主要的是

希望泛项目化课程能得到师生和家长的支持和喜爱，从而使此课程在具体的实施过程中，既能高效又可生态化地发展。另外，各实验校还建立了以校长、老师和儿童为首的三级管理制度，以确保"泛项目化课程"的顺利实施。

"泛项目化课程"虽然以艺术课程呈现，但融合了多学科的知识，可以说是一门跨学科的实践性课程。因此，在课程实施中，我们不能只重视课程资源开发与项目任务的完成，更要重视对学生的有效评价。因为课程质量的评价对于课程的改进和优化起着重要的作用，依据加德纳的多元智能理论和《中小学综合实践活动课程指导纲要》以及相关评价理论，"泛项目化课程"课程评价以美国加利福尼亚大学CSE评价模式为参考，遵循赏识性原则，建构了科学有效的评价标准。

"泛项目化课程"更注重主体性、过程性、发展性和生成性等方面的多元化评价。评价体系既指向学生核心素养所涵盖的必备品格与关键能力，又兼顾学生基本素养的培育。它注重对学生学习、活动过程及结果的评价，采取定性评价与定量评价、自评与他评相结合的多元评价方式。关注儿童学习成绩的同时，更关注儿童的行为习惯、学习动机、意志品质、能力素养等。泛项目化课程学习，最终评价的关键是看学习团队所展示的作品以及在创作作品的过程中所表现出的状态、观念、意识、价值等多个方面。这些作品没有严格意义上的好坏之分，它既是独一无二的，也是各美其美的。

综上所述，泛项目化课程比其他课程更具人文关怀，也更有温度。艺术教育是一个全面系统的教育，每位儿童内心深处都有一种审美的潜能，只是它取决于是否能够被唤醒，能不能够被综合塑造为更高层次的美的意境、生命的境界。每位老师和每所学校都有自己的优势，如何让教师有用武之地、张扬自己的个性，学校如何因地制宜、彰显自己的特色都显得尤为重要。泛项目化课程的研制与开发恰恰能有效地满足儿童、教师和学校甚至家长与社会的需要，所以它更具凝聚力与亲和力。

第一章

泛项目化课程的意涵与价值

泛项目化课程是学科以项目为中心组织课程内容，并通过完成项目的形式进行学习的课程，是学科课程的校本化创意。儿童参与实践完成一个个项目课程，提高自己的审美素养和艺术技能。泛项目化课程中情境的设置，有利于激发儿童内在学习动力和兴趣，充分保护和发展儿童的个性，提升儿童在现实情境中敏锐发现问题、正确分析问题并成功解决问题的能力。

目前，美育仍然是整个教育事业中的薄弱环节。现在教育改革发展的形式变了，对美育的认识还跟不上；学校美育发展了，资源配置还跟不上；儿童需求变了，美育理应随之发生变化。生活中美无处不在，无时不在。对于充满生机的儿童来说，教育的目的就是要激发和引导他们自我发展。学习伊始，儿童就应该感受到发现世界的喜悦，发现所学的知识能够帮助他理解在生活中所发生的一系列事情。

基于以上认知，我们提出"泛项目化课程"概念。生活即课程，生活即美育。"泛项目化课程"是在真实的生活情境中，儿童根据自身需求挑选课程内容，通过参与完成一个个项目化课程，提升儿童探究能力，形成自己的审美体验和艺术技能。泛项目化课程的设置面向全体儿童，它是经过特定目的组织化了的生活，着力解决当前学校美育发展不平衡不充分的问题。

"泛项目化课程"是以项目为中心选择、组织课程内容，并通过完成项目的形式进行学习的课程，是学科课程的校本化创意。比如，凤凰城小学设置的"灿烂赏美"项目课程。其中一年级鉴赏工艺课程有《风筝》《舞龙舞狮》，对应国家课程中一年级《让我的飞机上蓝天》《花狮子》，是国家课程的进一步补充延伸，将学科知识融入生动的课程内容之中，儿童通过学习更加热爱自己的祖国，弘扬优秀的中华文化，更能深刻感受到中国传统文化的魅力。而"灿烂秀美"项目课程有《我是小吃货》《好吃的菜》，都是儿童最熟悉的生活场景。其教学内容的组织、教学活动的设计和教学过程的实施，都能结合儿童的生活经验，尽可能地贴近生活，拉近课堂学习与真实生活的距离，让儿童在日常生活中感受美食的美好，从身边小事做起，培养儿童热爱生活的良好品质。

泛项目化课程一般以小组或个人作业方式完成既定项目，注重运用已有知识，在具体情境中解决实际问题，为以后儿童学习打下良好开端。生活需要设计，设计需要创新，创新需要激发。比如，五年级"灿烂秀美"课程，其中秀设计有《纸袋设计》课程，对应国家课程中《提袋的设计》课程，是国家课程的进一步拓展延伸。通过学习引导儿童关注生活中的设计，结合在生活中对袋子的观察，感受袋子的用途和功能，培养儿童立体思维、把创意设计转化为具体成果的能力。在学习过程中，提高儿童探究问题和解决问题的能力，强调"学以致用"的设计思想，防止儿童在设计过程中，偏重对袋子的装饰而忽略实用性的设计，帮助儿童认识设计与生活的关系。

泛项目化课程建立在儿童自主选择基础上，以儿童兴趣为基本出发点，根据儿童需求设计项目化课程。教师成为课程资源的开发者和实践者，根据项目化课程需求进行课程资源的开发和持续更新。比如设置灿烂之旅《旅行日记》课程，充分利用社会文化和艺术资源。介绍了我们的大合肥是历史古城、科技新城。其周边人文、自然、科技资源丰富，是儿童探索知识、发现生活美好的最好教材。其中设置相应泛项目化课程是让家长与儿童一起参与实践，在小学期间，家长和儿童一起完成学校的旅行日记课程，一起亲近自然、探索人文，给孩子留下美好的童年记忆。通过灿烂之旅《旅行日记》让儿童认识美术与自然、美术与生活、美术与文化之间的关系，鼓励家长和儿童一起进行探究性、综合性的美术活动，增强儿童热爱家乡的朴素情感，在学习过程中形成健康的审美情趣。

泛项目化课程根据儿童需求设置，儿童可以自主选择喜欢的艺术课程，着眼于让儿童在广泛的文化背景中认识美术。泛项目化课程不仅是一个独立的项目课程，也具有一定知识的可持续性，既是对学科知识内容的拓展，也与日常生活紧密相联系。泛项目化课程强调与社会和谐相融的自我形成。在泛项目化课程的实施过程中，教师和儿童一起进行可持续性的学习探究，让双方能站在更高、更远、更本质的艺术视角学习知识。

灿烂美术：让儿童踏上醉美之旅

日月之行，若出其中；星汉灿烂，若出其里。充满希望的明媚稚童，细心地捕捉，真诚地投入，真切地感受生活中无处不在的美好：拥抱春意盎然希望之美，感觉夏韵悠长浓烈之美，享受秋色宜人收获之美，感悟冬装素裹淡雅之美！以美术启迪智慧，以美术陶冶情操，美的传承与创新能使人生之旅处处透出吉光凤羽，让儿童的身心陶醉在创造诗情画意的生命画卷之中。

合肥市凤凰城小学现有美术专职教师四名，其中合肥市学科带头人一名，合肥市骨干教师两名。美术教师年龄结构合理，既有经验丰富的领头教师，也有年富力强的青年骨干；既有善于课堂教学实践、社团指导的"行动者"，也有善于开展教学研究的"创造者"。学校秉承"真""善""美"的凤凰文化精神，以"至美教育"为课程哲学，确定了"让每个孩子成为展翅的凤凰"的课程理念。作为学校整体课程的重要组成部分，美术组教师着眼于让儿童在美术活动中，培养儿童善于发现美、追寻美的眼睛，能够表现美、创造美的巧手以及勇于欣赏美、展示美的身心；致力于让儿童在丰富多彩的课程活动中，亲近自然、热爱家乡、关注生活、传承文化、乐于展示、学会审美、提升品位，沉醉于美术课程的美妙之中。因此，我们依据教育部颁布的《关于全面深化课程改革，落实立德树人根本任务的意见》和《义务教育美术课程标准（2011年版）》等文件精神，推进学校美术学科课程群建设。

第一节

澄澈明亮，开启灿烂课程的醉美旅程

一、学科性质观和价值观

《义务教育美术课程标准（2011年版）》指出："美术课程以对视觉形象的感知、理解和创造为特征，是学校进行美育的主要途径，是九年义务教育阶段全体学生必修的基础课程，在实施素质教育的过程中具有不可替代的作用。美术课程凸显视觉性。学生在美术学习中积累视觉、触觉和其他感官的经验，发展感知能力、形象思维能力、表达和交流能力。美术课程具有实践性。学生在美术学习中运用传统媒介或新媒体创造作品，发展想象能力、实践能力和创造能力。美术课程追求人文性。学生在美术学习中学会欣赏和尊重不同时代和文化的美术作品，关注生活中的美术现象，涵养人文精神。美术课程强调愉悦性。学生在美术学习中自由抒发情感，表达个性和创意，增强自信心，养成健康人格。"[①]学科性质决定了，要实现美术课程陶冶儿童的情操，提高审美能力，引导儿童参与文化的传承和交流，发展儿童的感知能力和形象思维能力，形成儿童的创新精神和技术意识，促进儿童的个性形成和全面发展的价值观，美术学科必须是能让儿童发现美的烂漫风貌、感受美的富丽内涵、创造美的斑斓形态、传播美的辉煌力量的"灿烂"课程。

"美"的启蒙往往始于懵懂的童年，继而长久地影响儿童未来的美学思考与美学实践。如今，儿童阶段的美术教育对激发探知兴趣、培养探知习惯和

---

① 中华人民共和国教育部.义务教育美术课程标准（2011年版）[S].北京：北京师范大学出版社，2012：1.

体会探知乐趣提出了更高的要求，这就要求教育者们倾听儿童感知需求，让儿童在这一阶段的学习中，发现美、体验美、创造美，乐于并有能力创造自己心目中的艺术，这正是我们美术学科课程构建的追求。

基于以上认识，在尊重儿童身心发展规律的基础上，结合学校实际，我们倾听儿童心声，从他们的需求入手，将知识技法融入具有趣味感的多模块教学情境，让儿童能自主选择、主动探知，沉浸在体验美术学习的愉悦感中，在展现艺术表达中获得成就感，进而使儿童愿意持续探知各个绚丽的美术领域，成就灿烂的艺术生活品质。

二、学科课程理念

依据《义务教育美术课程标准（2011年版）》《关于全面深化课程改革，落实立德树人根本任务的意见》等，我们制定了以"让儿童踏上醉美之旅"为学科理念的"灿烂美术"课程。

"灿烂美术"是探索、发现美的课程。课程通过美的璀璨本真和生活的绚烂美感染、熏陶儿童，使儿童产生认识美的兴趣，形成持续深远的学习愿望，愿意融入课程创设的情景中去探索研究美，通过学会的技能积极、自觉、主动地发现记录美，在多样的活动中不断巩固完善感受能力及思辨能力，达到拓宽儿童艺术视野、投身跨领域学习的目的。

"灿烂美术"是欣赏、解析美的课程。课程通过品鉴赏析不同时代及文化背景中的美术作品，锻炼发展儿童视觉感知和思维表达能力，让儿童能用"瑰丽"的文字表述出美术"奇丽"的美；鼓励指导儿童体验临摹及再创作，在文化情境中提升审美、情趣，形成正确的价值观。

"灿烂美术"是实践、创造美的课程。课程应和儿童需求，尊重并利用师生的个性与特长的差异，整合校内外美术资源，构建多种教学、体验、感悟结合的模式，以自主、合作、探究等学习方式，将构想、实践、创新等有机自然地融合，形成多维空间结合的"泛项目化"教学活动。在运用传统媒介的基础上，尝试新兴媒体，让儿童懂观察、会感受、善创造，在大胆的构思和自由的创作中张扬个性、表达情感，形成自信健康的人格，达到五育有机统一，踏上光辉的成长旅途。

"灿烂美术"是展示、传播美的课程。课程帮助每个儿童激发潜力，从学习生活中发现体悟"美",进入"美"的世界，成为学习创造的主人，真正理解"美"的意义，提升情感升华思想品质，物质及精神世界的富足让他们大胆地秀出精彩，从自己爱上"美"到传播"美"，恣意展现自己发现美创造美的能力，从成果展示中获取并享受极大的成功愉悦感，进而追寻、遇见、完善艺术化的美好人生，最终到达"美"，享受艺术化的学习生活，拥有健康阳光、绮丽丰富的情感精神世界。

总之，设计出如"凤羽"般艳丽多维的"灿烂"美术课程，是面向全体儿童的。课程选择美术各领域的独特魅力吸引儿童，以趣味激发儿童兴趣点，培养儿童观察、发现、探索的能力，让他们快乐地"醉"在体验美、创造美之中，使儿童能不知不觉地提升审美品位，积极持续地沉浸在"多姿多彩"的"醉美"旅途中。

情感熏陶，建构精神灿烂的心灵世界

"美术学科课程目标是学生以个人或集体合作的方式参与各种美术活动，尝试各种工具、材料和制作过程，学习美术欣赏和评述的方法，丰富视觉、触觉和审美经验，体验美术活动的乐趣，获得对美术学习的持久兴趣。了解基本美术语言的表达方式和方法，表达自己的情感和思想，美化环境与生活。在美术学习过程中，激发创造精神，发展美术实践能力，形成基本的美术素养，陶冶高尚的审美情操，完善人格。"[1]因此，我们"灿烂美术"的课程目标从铺设"醉美之旅"入手，使儿童全方面认识美术的"灿烂"进而展现自身的"灿烂"。

一、学科课程总体目标

《义务教育美术课程标准（2011年版）》中美术课程总目标按"知识与技能""过程与方法""情感、态度和价值观"三个维度设定："学生以个人或集体合作的方式参与美术活动，激发创意，了解美术语言及其表达方式和方法；运用各种工具、媒材进行创作，表达情感与思想，美化环境与生活；学习美术欣赏和评述的方法，提高审美能力；了解美术对文化生活和社会发展的独特作用。学生在美术学习过程中，丰富视觉、触觉和审美经验，获得对美术学习的持久兴趣，形成基本的美术素养。"[2]

---

①② 中华人民共和国教育部.义务教育美术课程标准（2011年版）[S].北京：北京师范大学出版社，2012：1.

为达到这个目标，让儿童愿意学习美术技法的精巧，能够记录美术生活的情趣，善于发现美术作品的绚丽，常常展现美术创作的成果，我们根据三个维度制定了美术课程总目标。儿童在课程中学会运用绘画工具、毛笔、刮画工具、砂纸工具、摄影基础设备、泥塑工具、设计剪裁工具，能选择合适的工具进行创作表达自身的情感和思想，创作艺术改善所处环境与生活；以个人或小组合作的方式参与学校美术活动，激发其创造力、逻辑思维能力、对待事物的辩证美的能力，了解美术基本语言及其对美术作品的情感表达和感悟；学习美术欣赏和评述的方法，欣赏民间工艺、中外雕塑、现代建筑、古今名画等来了解美术对文化生活和社会发展的独特作用。儿童在我们制定的课程中，在视觉和触觉以及审美上能获取对美术学习的持久兴趣，形成基本的美术素养。

二、学科课程分目标

《义务教育美术课程标准（2011年版）》中美术课程分目标从"造型·表现""设计·应用""欣赏·评述"和"综合·探索"四个学习领域设定（详见表1-1）。

表1-1　合肥市凤凰城小学美术学科课程分目标

领域＼版本	国家基础教材目标	拓展教材目标
造型·表现	1. 观察、认识与理解线条、形状、色彩、空间、明暗、肌理等基本造型元素，运用对称、均衡、重复、节奏、对比、变化、统一等形式原理进行造型活动，增进想象力和创新意识。 2. 通过对各种美术媒材、技巧和制作过程的探索及实验，发展艺术感知能力和造型表现能力。 3. 体验造型活动的乐趣，敢于创新与表现，产生对美术学习的持久兴趣。	1. 观察、认识、理解和创作线条、水墨、刮画、砂纸画、泥塑等基本造型活动，运用对称、均衡、增减、重复、节奏、对比、变化、统一等形式原理进行造型活动，增进想象力和创新意识。 2. 通过对各种绘画工具、笔墨纸砚、刮画工具、砂纸工具、泥塑工具、摄影设备、纸材等的性能和制作过程的探索及实验，发展艺术感知能力和造型表现能力。 3. 体验我们制定的一系列课程的乐趣，敢于创新与表现，产生对美术学习的持久兴趣。

（续表）

领域＼版本	国家基础教材目标	拓展教材目标
设计·应用	1. 了解设计与工艺的知识、意义、特征与价值以及"物以致用"的设计思想，知道设计与工艺的基本程序，学会设计创意与工艺制作的基本方法，逐步发展关注身边事物、善于发现问题和解决问题的能力。 2. 感受各种材料的特性，根据意图选择媒材，合理使用工具和制作方法，进行初步的设计和制作活动，体验设计、制作的过程，发展创新意识和创造能力。 3. 养成勤于观察、敏于发现、严于计划、善于借鉴、精于制作的行为习惯和耐心细致、团结合作的工作态度，增强以设计和工艺改善环境与生活的愿望。	1. 了解各种纸材的设计与工艺的知识、意义、特征与价值以及"物以致用"的设计思想，知道设计与工艺的基本程序，学会设计创意与工艺制作的基本方法，以贺卡、书签、礼盒为主题逐步递增难度进行设计与应用，激发学生积极主动观察身边事物、善于发现问题和解决问题的能力。 2. 感受各种纸材的特性，根据意图选择媒材，合理使用工具和制作方法，进行初步的设计和制作活动，体验设计、制作的过程，发展创新意识和创造能力。 3. 培养儿童的设计理念、废物利用、主题创作、动手能力、耐心细致、小组团队合作的集体意识，增强设计和工艺能改善环境与生活的愿望，以及通过运用所学技能于生活之中增加实用功能的美好情感。
欣赏·评述	1. 感受自然美，了解美术作品的题材、主题、形式、风格与流派，知道重要的美术家和美术作品，以及美术与生活、历史、文化的关系，初步形成审美判断能力。 2. 学会从多角度欣赏与认识美术作品，逐步提高视觉感受、理解与评述能力，初步掌握美术欣赏的基本方法，能够在文化情境中认识美术。 3. 提高对自然美、美术作品和美术现象的兴趣，形成健康的审美情趣，崇尚文明，珍视优秀的民族、民间美术与文化遗产，增强民族自豪感，养成尊重世界多元文化的态度。	1. 感受古今名画、中外雕塑、现代建筑、民间工艺作品，了解古今名画的作者、题材、主题、形式、风格与流派，知道中外雕塑和现代建筑的作者、材质、风格、工艺、影响，以及民间工艺作品对我们的熏陶影响价值，初步形成审美判断能力。 2. 学会从多角度欣赏与认识美术作品、雕塑、建筑以及民间工艺，逐步提高视觉感受、理解与评述能力，初步掌握美术欣赏的基本方法，能够在文化情境中认识美术。 3. 提高对美术作品的兴趣，形成健康的审美情趣，崇尚文明，珍视优秀的民族、民间美术与文化遗产，增强民族自豪感，养成尊重世界多元文化的态度。
综合·探索	1. 了解美术各学习领域的联系，以及美术学科与其他学科的联系，逐步学会以议题为中	1. 将课程学习的各个领域与"旅行日记"美术活动结合。在小学六年的时间内，游览合肥各个知名景点进行

版本 领域	国家基础教材目标	拓展教材目标
综合·探索	心，将美术学科与其他学科融会贯通的方法，提高综合解决问题的能力。 2. 认识美术与自然、美术与生活、美术与文化、美术与科技之间的关系，进行探究性、综合性的美术活动，并以各种形式发表学习成果。 3. 开阔视野，拓展想象的空间，激发探索未知领域的欲望，体验探究的愉悦与成功感。	打卡记录生活的美好，装订成册为一个纪念意义的日记本。将绘画、设计、生活所见所感、拍摄照片等融入在内。美术各学习领域的联系，以"旅行日记"为中心，将美术学科与其他学科融会贯通的方法，提高综合解决问题的能力。 2. 认识美术与自然、美术与生活、美术与文化、美术与科技之间的关系，进行探究性、综合性的美术活动，并以各种形式发表学习成果。 3. 带领儿童打卡各个景点开阔视野，拓展想象的空间，提高眼界，激发探索未知领域的欲望，体验探究的综合类学习的愉悦与成功感。

三、学科课程年段目标

"灿烂美术"课程分目标以"造型·表现""设计·应用""欣赏·评述"和"综合·探索"四个学习领域为标准，设置成四个项目："灿烂绘美""灿烂摄美""灿烂赏美""灿烂秀美"。按低、中、高学段设置具体目标（详见表1-2）。

表1-2 合肥市凤凰城小学美术学科课程年段目标

领域 年级	灿烂绘美	灿烂摄美	灿烂赏美	灿烂秀美
一、二年级	1. 了解基本线条元素，尝试使用不同媒材工具进行线描学习。 2. 画面大胆且富有张力，形式感强烈。 3. 利用线条组合进行创作，享受线条带来的魅力。	1. 观赏自然景物，记录生活中的美好瞬间。 2. 用手机、数码照相机等进行风景拍摄，将生活中稍纵即逝的平凡事物转化为视觉图像。 3. 掌握基本的拍摄技巧。	1. 观赏自然景物和学生感兴趣的美术作品。 2. 用简短的语言表达直观感受。 3. 欣赏民间工艺作品，激发儿童兴趣，让民间艺术在儿童的心中扎根。	1. 采用造型游戏的方式，进行无主题或有主题的想象、创作。 2. 采用旅行日记的形式，将所见所感进行绘画记录下来。进行有主题或无主题作品展示。
三、四年级	1. 初步认识线条、形状、色彩等造型元素。学习	1. 观察、合理选取自然景物，将生活中稍纵即	1. 欣赏符合儿童认知水平的古今美术作品。	1. 尝试从形状与用途的关系，认识设计和工艺

（续表）

领域 / 年级	灿烂绘美	灿烂摄美	灿烂赏美	灿烂秀美
三、四年级	使用工具，体验媒材的效果，通过观察、绘画、制作等方法表现所见所闻，激发丰富想象，唤起创造的欲望。 2. 熟练掌握线条组合结合不同的媒材进行主题线描画创作。体验不同媒材带来的线描画面感受。激发线描创作的兴趣。 3. 初步掌握水墨画技巧，进行主题水墨画创作。体验不同水墨带来的韵味。激发水墨创作的兴趣。	逝的平凡事物转化为视觉图像进行美术创作与展示。 2. 初步掌握构图技巧和摄影基本要素。 3. 使用手机或者数码照相机进行花卉、动物拍摄，进行有主题拍摄作品，将美好瞬间记录下来。	2. 用语言或文字等多种形式描述作品，表达感受与认识。 3. 欣赏中外建筑作品，激发学生对中外建筑的兴趣，理解并能欣赏两至三件作品的艺术特色。表述自己的情感。	的造型、色彩、媒材，学习对比与和谐的形式原理。 2. 用手绘草图的方法表现设计构想，感受设计和工艺的区别。 3. 感受陶艺、设计纸材的创作形式，进行有主题作品展示。
五、六年级	1. 运用线条、形状、造型元素，以描绘的方法，选择合适的工具、媒材，记录所见所闻。 2. 发展美术构思与创作的能力。 3. 掌握刮画、砂纸画技巧，运用画纸和绘画工具进行主题创作。体验不同媒材带来的趣味。激发创作的兴趣。	1. 选取自己喜爱的风景或物，将它转化为视觉图像。 2. 使用专门的设备进行影像记录，熟练掌握构图技巧和基本要素。 3. 进行人物和风景的拍摄，进行有主题的拍摄，将美好瞬间记录下来。	1. 欣赏古今名画，激发儿童对古今名画的兴趣，详细掌握一至二件绘画作品，并熟练讲解其艺术特色，阐述表达自己的感受。 2. 欣赏中外绘画作品，用简单的美术术语对美术作品内容进行分析。 3. 欣赏中外雕塑作品，激发兴趣，掌握几件雕塑名作，能熟练讲解其艺术特色、对后世的影响，阐述表达自己的感受。	1. 从形态与功能的关系，认识设计和工艺造型。 2. 运用对比与和谐原理，设计图形与物品，美化环境，了解设计意图。 3. 采用设计创作的多种形式，如贺卡、礼盒、书签等，将所见所感记录下来。进行有主题或无主题作品展示。

第三节

丰富经历，创设多维的艺术学习空间

学校以《义务教育美术课程标准（2011年版）》中"美术课程以社会主义核心价值体系为导向，弘扬优秀的中华文化，力求体现素质教育的要求"①为依据，基于"灿烂美术"的课程理念和学科目标，设置了"灿烂美术"系列课程。在课程的设计上，从触动儿童的兴趣点出发，由浅入深、由表及里的学习过程，让儿童在欢乐的童年中提升品位、丰富情感，一路陶醉在美育的旅途之中。

一、学科课程结构

日月之行，若出其中；星汉灿烂，若出其里。"灿烂美术"立足于儿童的需求，并结合儿童身心发展的特点，帮助儿童有效持续探索各个绚丽的美术领域，达到拓宽儿童艺术视野，提高儿童审美能力和技能的目标。从"灿烂绘美、灿烂摄美、灿烂赏美、灿烂秀美"四个领域架构"灿烂美术课程体系"（详见图1-1）。

下图中，各板块课程内容如下：

1. "灿烂绘美"课程内容分为绘线描、绘刮画、绘水墨、绘砂纸四个方面。绘线描具体包括植物线描、动物线描、人物线描。绘刮画具体包括黑白刮画、单色刮画、彩色刮画。绘水墨具体包括花卉、山水、人物。绘砂纸包括植物、人物、建筑。

2. "灿烂摄美"课程内容分为摄花卉、摄动物、摄风景、摄人物四个方

---

① 中华人民共和国教育部.义务教育美术课程标准（2011年版）［S］.北京：北京师范大学出版社，2012：1.

图1-1　"灿烂美术"课程结构图

面。摄花卉具体包括季节花卉摄影和绿植摄影。摄动物具体包括水养动物、宠物和鸟类摄影。摄风景具体包括自然风光摄影和人文建筑物摄影。摄人物具体包括半身像、全身像和合影像。

3."灿烂赏美"课程内容分为赏名画（中外）、赏雕塑（古今）、赏建筑（现代）、赏工艺（民间）四个方面。赏名画（中外）具体欣赏中外古代名画欣赏和中外现代名画欣赏。赏雕塑（古今）具体欣赏中国古代圆雕、浮雕作品以及外国著名圆雕作品。赏建筑（现代）具体欣赏中国现代著名建筑、特色性地方建筑和外国现代著名建筑。赏工艺（民间）具体欣赏布艺、玩具、剪纸、风筝、舞龙舞狮、年画、吹糖人等。

4."灿烂秀美"课程内容分为秀照片、秀陶艺、秀设计、秀画作四个方面。秀照片包括秀美食、秀风景、秀心情。秀陶艺包括超轻黏土作品秀、软陶作品秀、泥塑作品秀。秀设计包括贺卡秀、书签秀、版面设计秀、纸袋设计秀等。秀画作包括书法秀、年俗秀和电脑作品秀。

二、学科课程设置

"灿烂美术"课程按年级、分阶段共设计了"灿烂绘美""灿烂摄美""灿烂赏美""灿烂秀美"四个领域十六门课程。横向来看，涵盖美术教育的四个领域；内容设置由浅入深、循序渐进、互融互通。

我们依据《义务教育美术课程标准（2011版）》和学科课程理念对美术课程进行了体系建构，除国家基础课程外，"灿烂美术"通过创设轻松、愉悦的学习氛围，根据儿童身心发展的阶段特点，利用看、拍、赏、绘、做等手段对儿童进行美术教学，充分激发每一位儿童的兴趣，全面提高儿童对美术学习的积极性和持久性。现将美术课程设置如下（详见表1-3）。

表1-3 "灿烂美术"学科课程设置表

课程 / 年级		灿烂绘美		灿烂摄美		灿烂赏美		灿烂秀美	
一年级	上	绘线条	认识树木	摄花卉	认识花卉纹样	赏工艺	风筝	秀照片	我是小吃货
			秘密花园		纹样设计写生		剪纸		我爱吃的菜
	下	绘线条	海底世界	摄花卉	纹样设计变形	赏工艺	年画	秀照片	我爱看的景
			我爱动物		纹样设计装饰		舞龙		我喜欢的门
二年级	上	绘线条	我当厨师	摄花卉	纹样组织形式	赏工艺	布艺	秀照片	小缺憾
			同桌的你		纹样色彩应用		吹糖人		大设想
	下	绘刮画	童话故事	摄动物	动物图案的写生	赏雕塑	说唱俑	秀陶艺	恐龙乐园
			建筑工地		动物图案的变形		唐三彩		器皿世界
三年级	上	绘刮画	创意房子	摄动物	动物图案的细节	赏雕塑	九龙壁	秀陶艺	精致首饰
			我爱我家		动物图案的角度		兵马俑		艺术瓷盘
	下	绘刮画	图腾柱	摄动物	动物图案的色彩	赏雕塑	野马	秀陶艺	农舍
			别致的花瓶		动物图案的应用		打结的枪		捏泥人
四年级	上	绘水墨	梅花	摄风景	风景图案的写生	赏建筑	安徽钢琴屋	秀设计	书签设计
			墨竹		风景图案的变化		安徽省广电中心		贺卡设计
	下	绘水墨	石头	摄风景	风景图案的构图	赏建筑	国家体育馆	秀设计	家具设计
			瀑布				北京水立方		版面设计

课程 年级		灿烂绘美		灿烂摄美		灿烂赏美		灿烂秀美	
五年级	上	绘水墨	工笔仕女	摄风景	风景图案的技法	赏建筑	悉尼歌剧院	秀设计	纸袋设计
			戏曲人物		风景图案的色调		巴黎卢浮宫		礼品包装
	下	绘砂纸	向日葵	摄人物	人物图案的特点	赏名画	清明上河图	秀画作	春联
			睡莲		图案的变化途径		千里江山图		斗方书法
六年级	上	绘砂纸	蓝衣女人	摄人物	图案的变化手法	赏名画	步辇图	秀画作	装饰画
			红色和谐		图案的表现形式		簪花仕女图		年画
	下	绘砂纸	威斯敏斯特大桥	摄人物	图案的综合运用	赏名画	奔马图	秀画作	电脑绘画
			被雪覆盖的教堂		图案的创意展示		和平延年		电脑动画

第四节

多元促学，创造绮丽多姿的生命画卷

《义务教育美术课程标准（2011年版）》中明确给出实施建议："坚持面向全体学生的教学观；积极探索有效教学的方法；营造有利于激发学生创新精神的学习氛围；多给学生感悟美术作品的机会；引导学生关注自然环境和社会生活；重视对学生学习方法的研究；探索各种生动有趣、适合学生身心发展水平的教学手段；培养学生健康乐观的心态和持之以恒的学习精神。"[1]

《义务教育美术课程标准（2011年版）》中明确给出评价建议："美术课程评价应以学生在美术学习中的客观事实为基础，注重评价与教学的协调统一，尤其要加强形成性评价和自我评价。既要关注学生掌握美术知识、技能的情况，更要重视美术学习能力、学习态度、情感和价值观等方面的评价。"[2]

"灿烂美术"课程为实现"让儿童发现美的烂漫风貌、赏析美的富丽内涵、创造美的斑斓形态、散播美的辉煌力量"的学科课程理念，围绕课程目标，结合学校现状、师生特点，注重儿童的体验与展示，精心铺设"让儿童踏上醉美之旅"的美术课程与活动，主要从建构"灿烂课堂"、建设"灿烂社团"、创设"灿烂节日"、推行"灿烂之旅"、开展"灿烂赛事"等方面进行组织与实施，并在尊重儿童个体发展和促进师生教学相长的基础上进行评价设计。

①② 中华人民共和国教育部.义务教育美术课程标准（2011年版）［S］.北京：北京师范大学出版社，2012：1.

一、建构"灿烂课堂"，提升美术课程质量

"灿烂课堂"在"让儿童踏上醉美之旅"的学科理念基础上，构建的是以儿童为主、教师为辅的多维空间结合的美术课堂，是以情景体验带动儿童探索学习的美术课堂，是以实践操作为儿童答疑并解惑的美术课堂。该课堂是儿童自身对艺术的需求，尊重并利用师生的个性与特长的差异，为从美术教育核心衍生出的智力、创造、品德、技术等发展的需要，以材料为辅助，拓展课程素材，对国家课程中儿童已掌握内容的延伸补充。

（一）"灿烂课堂"的内涵

"灿烂课堂"是教师站在尊重儿童个体差异下不同需求的角度上，精准策划、设计的美术课程。从国家课程美术学习内容出发，由儿童的认知和情感发展视角选择开拓美术学习素材，促使儿童产生美术学习的兴趣，辅助儿童的美术创作。通过筛选整合将分布在各学段的国家教材内容串联起来，由"灿烂绘美""灿烂赏美""灿烂摄美""灿烂秀美"四方面提升儿童美术素养。这四个方面对应"造型·表现""设计·应用""欣赏·评述""综合·探索"四个美术学习领域时相互交叉并包容并重。

（二）"灿烂课堂"的实施

通过丰富可操作易掌握的美术材料类型的选择，解除儿童对美术学习产生的疲劳，有效激发学习和创作兴趣，拓展儿童视野促进心智发展；利用生活中的废旧材料作为媒材，在展开想象大胆创作的过程中拓展儿童美术思维；搭建多种展示平台，促进儿童学习交流，激发自信心产生创作灵感；整合拓展校内外美术资源，让课堂向多维度延伸，提供给儿童更多的学习方式，提高儿童美术学习的实效性。

儿童在"造型·表现"相关项目中，养成自觉主动准备和尝试的习惯，积极主动地投身于观赏、辨析、绘制、制作、嬉戏、展演的体验活动中，能喜学乐思和积极探究技能技法。儿童在"设计·应用"相关项目中，直观感受各种材质并做到物尽其用，在设计制作活动中应用所学知识技法，遵循美观、实用原则，传承传统工艺，继而有计划有目的地实现突破性和颠覆性的创新设计；"灿烂赏美"和"灿烂绘美"课程创设中与知识、技能传授结合的各种趣味活动相互协作，满足儿童模仿、创作的本能，从而体验到创造美的

满足感，延伸美术学习的持久性；在个性与共性中发展思维能力，在培养实践能力的同时，开发儿童创造潜能并转化为创新成果。利用新媒体技术等手段设置娱乐趣味化教学情景，将客观世界的生动与精彩展现于儿童视觉为主的感觉系统，以提高儿童欣赏评述的审美经验，增强儿童在观察、想象、表现等活动中的乐趣和实效性；让儿童在尝试各种媒材的愉快过程中，独立思考提出困惑，在自主合作探究中触发思辨，提出驱动性问题和创新性解决方案。

儿童在"欣赏·评述"相关项目中，了解认识自然美和人造美的基础上，尊崇多元的人文艺术和人类遗产，了解社会、历史、文化与艺术之间的相互作用，能够运用艺术语言去表达感受、触动心灵、感动世界；儿童在"综合·探索"相关项目中，依照可选主题，共同合作研究制定活动方案，跨领域、跨学科探索广阔的艺术和生活中的未知世界；"灿烂摄美"通过项目设置进行观察、体验、构思、摄录，让儿童投身自然和社会中，形成并表达情感价值观；"灿烂秀美"提供课堂内外展示平台，在互相鉴赏作品中提高审美品位和对美的辨析。

"灿烂课堂"推进策略：提高实施水平靠听评研讨；改进实施流程靠听取学生反馈；延展体验空间靠家校联通互进。

（三）"灿烂课堂"的评价标准

本课程强调评价多元化，关注儿童课程学习过程的清晰明确化，注重儿童个性和学习品质，借助班级艺术角、黑板报等，再结合学校重要的活动，适时展示出来，以激发儿童美术学习的兴趣，使儿童通过评价进一步反思讨论，进行进一步的改进。

"灿烂课堂"从内容、兴趣、思维、合作、参与、收获六个方面进行评价，我们制定了"灿烂课堂"评价量表（详见表1-4）。

表1-4 "灿烂课堂"评价量表

评价标准	水平1	水平2	水平3
内容难易	轻松掌握	不易掌握	学习困难
学习兴趣	兴趣盎然	稍有兴趣	缺乏兴趣
思维创新	创意频发	思维活跃	缺乏想法
合作机会	合作愉快	部分合作	无法合作
参与程度	积极参与	偶尔参与	置身事外

（续表）

评价标准	水平1	水平2	水平3
收获成长	收获满满	点滴收获	毫无收获
学生评价	（　）	（　）	（　）
教师评价	（　）	（　）	（　）
家长评价	（　）	（　）	（　）

二、建设"灿烂社团"，发展美术学习兴趣

"灿烂社团"是美术教育特色化、个性化、项目化的具体实践与实施，有助于拓展儿童美术视野，丰富美术体验内容，促进儿童心智发展。"灿烂美术"课程以内容为中心点，以项目（活动）为辐射点，立足于儿童生活，科学地拓展美术课程内容。

（一）"灿烂社团"的内涵

"灿烂社团"是将爱好相同的小伙伴们集合在一起，通过一个个泛项目化的社团课程，发展儿童个人特长，提升艺术素养，培养儿童合作、鉴赏、创作的能力，促进学校整体文化底蕴的发展，使儿童能更好地服务校园、服务社会，展示儿童自强不息、积极向上的精神风貌和儿童的艺术特色，推动校园文化建设。

（二）"灿烂社团"的实施

根据儿童需求，将"灿烂美术"四个项目"灿烂绘美""灿烂摄美""灿烂赏美""灿烂秀美"互相融合。我们设置了彩墨意趣社团、浮光掠影社团、鉴赏科创社团、传承演绎社团。彩墨意趣和浮光掠影社团固定进行水墨画和摄影的学习展示；鉴赏科创和传承演绎社团会根据儿童兴趣需求安排鉴赏、学习的内容（详见表1-5）。

表1-5　"灿烂社团"泛项目化课程安排表

课时＼团名	彩墨意趣	浮光掠影	鉴赏科创	传承演绎
课时1	宣纸与水篇	认识摄影篇	认识画种篇	认识传统艺术篇
课时2	宣纸与墨篇	摄影角度篇	画种技法篇	传统艺术技法篇
课时3	宣纸与笔篇	摄影景别篇	画种几何篇	传统艺术结构篇
课时4	宣纸与色篇	摄影构图篇	画种组合篇	传统艺术组合篇
课时5	水墨变化篇	摄影光线篇	画种装饰篇	传统艺术装饰篇

团名\课时	彩墨意趣	浮光掠影	鉴赏科创	传承演绎
课时6	色墨变化篇	摄影色彩篇	画种植物篇	传统艺术植物篇
课时7	彩墨植物篇	摄影植物篇	画种昆虫篇	传统艺术昆虫篇
课时8	彩墨动物篇	摄影昆虫篇	画种动物篇	传统艺术动物篇
课时9	彩墨人物篇	摄影动物篇	画种人物篇	传统艺术人物篇
课时10	彩墨抽象篇	摄影人像篇	画种建筑篇	传统艺术抽象篇
课时11	彩墨创新篇	摄影风景篇	画种鉴赏篇	传统艺术创新篇
课时12	彩墨意趣篇	摄影展示篇	画种科幻篇	传统艺术演绎篇

（三）"灿烂社团"的评价标准

"灿烂社团"从状态、沟通、实施、成效四个维度进行评价，以"雀翎"的数量确定优劣，采取自评、互评和师评相结合的形式进行。我们制定了"灿烂社团"评价量表（详见表1-6）。

表1-6 "灿烂社团"评价量表

辅导教师：_____

项目	标准	水平1	水平2	水平3
状态	参与表现	不参与	有表现	爱表现
状态	设疑答难	不交流	有交流	爱交流
沟通	互动帮助	不互助	有互助	愿互助
沟通	表述倾听	不倾听	愿倾听	善倾听
实施	获取信息	没收获	有收获	收获多
实施	兴趣投入	没兴趣	有兴趣	兴趣浓
成效	掌握呈现	没掌握	有呈现	呈现好
成效	创意个性	没创意	有创意	创意新
奖励雀翎\n按水平类型画√				
自评				
互评				
师评				

三、创设"灿烂节日"，营造美术应用氛围

"灿烂节日"是儿童体验、展示平台与各传统文化、节日内涵的融合，让儿童在日常生活的文化情境中享受成功感，在欣赏互评中提升鉴赏审美能力。

（一）"灿烂节日"的内涵

提炼节日中的中国传统文化底蕴，挖掘节日丰富的文化内涵，引导儿童通过作品展示自己的美术思想和审美水平，培养儿童发现美、欣赏美、展示美的能力。

（二）"灿烂节日"的实施

根据传统节日开展弘扬中国传统文化的艺术活动，我们制定了"灿烂节日"活动安排表（详见表1-7）。

表1-7 "灿烂节日"活动安排表

时间	节日	主 题	项目内容	组 织 形 式
4月	清明节	中国传统国粹的传承发扬	线描写生	踏青期间进行创作，成品评选展览，在线展厅或集结成册
			水墨绘本	水墨画临摹创编，成品评选展览，在线展厅或集结成册
5月	劳动节	展示学习生活所感所得，张扬个性	个性作品	自主选择美术作品，班级师长推荐入展，点赞评选入册
			艺术装扮	与课本剧结合或自行演绎展示头饰等装扮，在线展示评选
6月	儿童节	展示儿童学与玩的成果，明志激趣	手工玩具	玩具用品仿制创新，成品以物易物，在线展厅或集结成册
			书法文创	诗文软硬笔书写，成品评选展览，在线展厅或集结成册
9月	教师节	用自己的创意劳作向老师汇报感恩	手工贺卡	综合材料创意制作，成品评选展览，在线展厅或集结成册
			创意绘画	发现并解决问题的科幻画及材料画法的创新展示，评展
10月	国庆节	用发现美的眼睛记录世界的美好	生活点滴	班级日常摄影故事创编，成品评选班级展览，集结成册
			探索世界	旅行见闻照片手账创编，成品评选在线展览，集结成册

时间	节日	主　题	项目内容	组　织　形　式
12月	冬至	中国传统民风民俗的传承发扬	剪纸纸塑	节日家居装饰物手工制作，班级环境布置评选，在线展厅
			泥塑美食	美食美器造型手工制作，成品评选餐厅展示，在线展厅

（三）"灿烂节日"的评价标准

节日项目以促进儿童的发展为目的，科学构建适合儿童的评价体系，由老师代表、家长代表、儿童代表三方组成多维评价，从主题情节、技能技法、效果呈现、想象创新、总体印象五个方面勾填雀翎，将三方评价综合后，颁发相应数量的雀翎，最优为五翎。我们制定了"灿烂节日"评价表（详见表1-8）。

表1-8　"灿烂节日"评价表

评价人签名	＿＿＿＿＿节				
	作　品　评　价				
作品名称	主题情节	技能技法	效果呈现	想象创新	总体印象

四、推行"灿烂之旅"，整合美术课程资源

（一）"灿烂之旅"的内涵

读万卷书，行万里路。家乡的历史、科技，人文、自然资源丰富，是儿童探索知识、发现美好的最好教材。在六年的小学生活学习期间，为家长与儿童推荐需共同完成的旅行日记课程，使儿童亲近自然、探索人文、发现至美、陶冶身心，留下美好的童年记忆。

（二）"灿烂之旅"的实施

1. 儿童每学期完成三个学校推荐的景点旅行，记录旅行的具体时间，用手机或相机记录最美的风景、最美的自己，将照片打印粘贴在"旅行日记册"的指定位置（详见表1-9）。

表1-9 "灿烂之旅"推荐景点表

年级	课程	"灿烂之旅"推荐景点		
一年级	上	古逍遥津	包公祠	浮庄
	下	李府	环城公园	明教寺
二年级	上	老城隍庙	三河古镇	合肥植物园
	下	野生动物园	徽园	欢乐岛
三年级	上	合肥海洋馆	天鹅湖	紫微洞
	下	桃溪花海	非遗园	合肥美术馆
四年级	上	牛角大圩	三国遗址公园	开福寺
	下	安徽名人馆	合肥科技馆	省科技馆
五年级	上	中科大	科学岛	安徽博物院
	下	罍街	小岭南	渡江战役纪念馆
六年级	上	滨湖湿地公园	紫蓬山	刘铭传故居
	下	蜀山烈士陵园	丰乐生态园	大蜀山森林公园

2. 儿童主动了解景点内容，用简洁的一段文字或一句话写下每个景点的介绍。

3. 儿童写下自己对景点的感受或评价。

4. 每个景点的旅行日记完成后计2.5分，其中拍照1.5分，介绍和感受各0.5分。自评得分，同时为景点评星涂色。

5. 完成学校推荐的全部旅行任务后，可得90分。家长与儿童自行到外地旅行，完成一次旅行日记计2.5分，最终计算总得分。

6. 每年的五月下旬，各年级举行旅行日记册优秀记录展览，评选优秀摄影作品、优秀景点点评、优秀游记。

7. 每学期末，各班主任收集旅行日记册，对儿童完成课程任务情况进行点评，写下简要评语。

（三）"灿烂之旅"的评价标准

1. 儿童自评。每完成一个景点的旅行，儿童根据自己的感受，写下一段参观感受，给自己打好自评分，同时给景点评星。

2. 每年五月下旬，教师收集儿童"童年足印"旅行日记册，以班级为单位，儿童互评，选出"最佳摄影奖""最佳景点介绍奖""最佳旅行感受发表奖""最佳建议奖"若干名，推荐参加校级展览和评比。

3. 每学期结束，给每位儿童"童年足印"旅行日记册撰写寄语，作出激励性评价（详见图1-2）。

图1-2 "童年足印"旅行日记记录及评价卡

五、开展"灿烂赛事"，搭建美术炫技平台

开展"灿烂赛事"为儿童拓宽艺术视野、提供学习途径、提升艺术素养，为全体学生提供展示自我、体验成功的平台和阶梯。

（一）"灿烂赛事"的内涵

"灿烂赛事"是儿童美术的另一种学习方式，是相互学习交流的过程。

（二）"灿烂赛事"的实施

通过组织儿童参加各级各类比赛激发他们的创作激情，培养竞争意识。儿童通过创作找到自己的优势，通过比赛彰显自我，通过竞争找到差距、不足，增强学习动力。锻炼儿童心理素质，让他们懂得欣赏他人优点，敢于直面自身与他人的差距，正确看待自己的失败，以健康的心态积极面对，再接再厉。比赛让儿童得到肯定与鼓励，以成就感促进自信心，丰富儿童的阅历，塑造形成正确的人生观。

与"灿烂节日"结合，选择节日中的展示活动以竞赛形式开展，如儿童节的手工玩具评选出最好玩奖、最好看奖、最好做奖等。

与"灿烂之旅"结合，创办朋友圈摄影大赛，拓展展示形式范围，利用互联网，让儿童愿意展现自我，将家长晒娃转变为儿童自主展示。

与"上级赛事"结合，积极组织各级赛事，让儿童进入更大的竞争空间，让"井中之蛙"去外面的世界看一看、找到自己的正确定位、始终保持良好的竞争态度，由此促进不同思想的交流碰撞。

（三）"灿烂赛事"的评价标准

教会儿童及时将自己的美术成果搜集起来，编辑制作成作品集。儿童在活动中的实际感受、儿童的学习兴趣和获得成功的体验收获等成为评价的主体内容（详见图1-3）。

图1-3 "灿烂赛事"记录及评价卡

综上所述，儿童在"灿烂美术"课程中不断丰富和升华的艺术实践经验，从中积累感受美、创造美、鉴赏美的能力并培养健康的审美情趣。儿童能够在"灿烂美术"课程中得到多角度、多方面、多渠道的情感体验，以自己喜爱的方式进行自我表达和交流，以情感促表达、以表达促创造，成长为情感更加丰富、人格更加健全、心灵更加纯净的审美者和创造者，最终达到"以美启智，以美怡情，以美健体"，从而踏上"醉美之旅"。

（撰稿人：唐前凰　李娟　赵琳琳　徐丽娟）

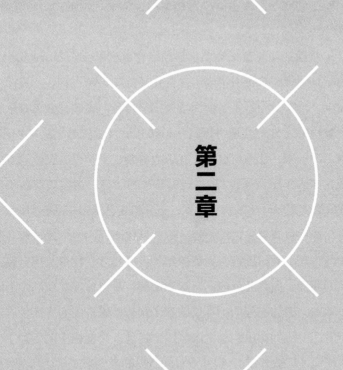

第二章

泛项目化课程的
理念与特征

让兴趣引领每一个儿童前行，让每一个儿童绽放生命的精彩。泛项目化课程以培养儿童的创新精神和实践能力为重点，关注儿童兴趣点，激发儿童主动探索未知领域的欲望，让儿童在生活情境中能以自主、合作探究的方式参与艺术探究活动。它提升了儿童审美能力，使其最终获得成功的喜悦。泛项目化课程具有自主性、生活性和丰富性的特征。

儿童通过泛项目化课程的学习，可以绽放内心艺术之花，让儿童有足够的热情，积极主动地参与体验泛项目化课程，感受艺术魅力，与美好同行，成就最好的自己。

泛项目化课程关注儿童兴趣点。泛项目化课程的知识目标有量化要求，思想情感目标有明确要求，所学内容符合儿童的年龄特点和认知规律，关注儿童的兴趣点。比如黄山路小学根据学校国防特色，设置"融美音乐荟"课程，是基于教科书之外对儿童进行音乐科普知识及爱国教育的拓展和补充。通过歌舞剧、音乐剧、红歌科普会、音乐故事会、交响乐、国乐等方式拓展儿童知识面，深入了解音乐世界。"音乐荟"的"荟"意在荟萃精华音乐元素，使儿童接触到更多元化的音乐世界，充分感受艺术带来的魅力。

泛项目化课程具有自主性的特点。泛项目化课程内容全是按照儿童的需求设置，因地制宜、因材施教，真正做到了人尽其才、物尽其用，是适合儿童全面发展的课程，更是儿童自己喜欢的课程。儿童对现实生活中的问题进行探究，在解决问题的过程中，不仅培养了创造性思维能力，还发展了探究精神和创新意识。比如黄山路小学围绕国防特色，设置相应的爱国主义题材的泛项目化课程《红歌童谣》，用儿童喜闻乐见的童谣形式，让儿童积极主动参与体验，从小培养儿童爱国主义情怀，也更符合健康向上的审美趣味、审美格调，符合儿童发展质量评价，能够在学习和生活中发现美、感受美、欣赏美、表达美。

泛项目化课程还具有生活性的特点。泛项目化学习建立在驱动性问题之上，这些项目一般取材于生活，儿童面对的是真实而具体的问题，而不是被"挤干"了各种复杂因素的单纯而抽象的某个学习问题。项目的真实性可以从两方面加以理解：一是生活中的真实情境，真实世界中会遇到的问题；二是对儿童的真实，课程都是立足于儿童的需要，所学知识符合儿童的年龄特点。

泛项目化课程还具有结果呈现的丰富性特点。以作品的方式呈现学习结果是泛项目化学习区别于一般活动教学的重要特征。项目化学习过程中儿童作品呈现的形式不拘，可以多种多样。比如美术有绘画展览、研究报告、创意秀、作品汇编等；音乐可以通过舞台表演、歌唱比赛、节日汇演等方式，充分展现出儿童学习基础素养中的个性化表达。

融美音乐：让童心随我律动

合肥市黄山路小学音乐教研组现有音乐教师六人。音乐教师年龄结构合理，既有经验丰富的领头教师，也有年富力强的青年骨干。教师在国家创新课堂大赛中获得三等奖，在新媒体新技术中获得部级优课等级，在安徽省行进管乐队社团比赛、合肥市教师基本功比赛中均获得优异成绩。依据教育部《关于全面深化课程改革，落实立德树人根本任务的意见》《义务教育音乐课程标准（2011年版）》等文件精神，并根据本校的整体课程规划方案，音乐教研组对现有的音乐课程进行了深入的探究。深深地感受到音乐教育是为了培养儿童的音乐感知和激发音乐创造，进一步提高儿童的审美能力和审美情趣，陶冶儿童的道德情感和品格意志，让儿童在优美的音乐中接受心灵的洗礼。因此，我们对音乐教学内容进行了科学的选择和归纳整合，以推进学校音乐学科课程群建设。

第一节

协和悦耳，享受融美课程的音律之美

一、学科性质观和价值观

《义务教育音乐课程标准（2011年版）》中指出，音乐课程性质主要体现在以下三个方面：（1）人文性，音乐是文化的重要组成部分，是人类宝贵的精神文化遗产和智慧结晶；（2）审美性，通过学习音乐教育培养和提高学生感受美、表现美、鉴赏美、创造美的能力，陶冶情操，发展个性，启迪智慧，丰富和发展想象思维，激发创新意识和创造能力，全面提升学生的素质；（3）实践性，学生在亲身参与这些实践活动过程中，获得对音乐的直接经验和丰富的情感体验，为掌握音乐相关知识和技能、领悟音乐内涵、提高音乐素养打下良好的基础。音乐课程通过音乐的手段促进儿童在智力、情感、个性、社会性等方面和谐发展，从情趣出发，让儿童得到美的启蒙；聆听作品，让儿童接受美的熏陶；创设情景，让儿童得到美的体验；情感渲染，渗透心灵，让儿童产生美的共鸣。学科性质决定了音乐学科是成长的音乐，是陶冶情操的音乐，是体验创新的音乐，是升华境界的音乐。

《义务教育音乐课程标准（2011年版）》所明确指出音乐学科课程的基本理念："以音乐审美为核心，以兴趣爱好为动力；强调音乐实践，鼓励音乐创造；突出音乐特点，关注学科综合；弘扬民族音乐文化，理解多元化音乐；面向全体学生，注重个性发展。"基于此，我们提炼出我校音乐课程群理念是"融美音乐"。所谓"融美"，"融"即融会贯通，"举一而反三，闻一而知十，乃学者用功之深，穷理之熟，然后能融会贯通，以至于此"；"美"即至善至美，以融众家音乐之美好，提升儿童的审美能力，让儿童在音乐润物无声的陶冶中享受成长的快乐。在多元素的交流碰撞中体会文化传承的美好，同时培养儿童积极乐观的生活态度，使其随心律动。

二、学科课程理念

"融美音乐"是儿童茁壮成长的音乐。"融美音乐"从促进儿童音乐素养发展的角度，与诗歌、美术、舞蹈、戏剧、影视等不同艺术门类融合，带领儿童成长为能够发现美、感受美、认识美并全面发展的具有积极乐观生活态度的儿童。

"融美音乐"是儿童陶冶情操的音乐。"融美音乐"通过欣赏国内外优秀音乐作品，引导儿童感受、体验、鉴赏音乐的美，在音乐中体验丰富的情感，陶冶儿童的情操，使儿童逐步形成健康的音乐审美能力。

"融美音乐"是儿童体验创新的音乐。"融美音乐"从培养儿童想象力和思维潜能的角度出发，使其体验音乐带来的愉悦感，探索音乐创造过程中的成就感；让音乐与生活相融，让儿童与创造相连。

"融美音乐"是儿童升华境界的音乐。"融美音乐"通过对音乐主题的发展手法、曲式结构与调性布局的特点等方面深入分析研究，由表及里、由浅入深地把作品分析透彻，将美育与德育相结合，进而升华到热爱祖国的美好情怀。

总之，"融美音乐"课程是遵循儿童的认知和成长规律，在音乐课堂教学中，将合作探究、发挥想象、创新实践、体验快乐、提高审美、文化传承等完美地融合在一起的音乐课程。

活动体验，走进情感共鸣的绚烂世界

一、学科课程总体目标

《义务教育音乐课程标准（2011年版）》指出："学生通过音乐课程学习和参与丰富多样的艺术实践活动，探究、发现、领略音乐的艺术魅力。培养学生对音乐的持久兴趣、涵养美感、和谐身心、陶冶情操、健全人格。学习并掌握必要的音乐基础知识和基本技能，拓展文化视野，发展音乐听觉与欣赏能力、表现能力和创造能力，形成基本的音乐素养。丰富情感体验，培养良好的审美情趣和积极乐观的生活态度，促进身心的健康发展。"因此，"融美音乐"课程的目标确定为在掌握音乐基础知识和基本技能的基础上，去发现、体验、表现、创造和享受音乐美；激发培养儿童对音乐的持久兴趣，让儿童的音乐潜能得到开发并从中受益，让儿童乐于并主动参与，鼓励发展音乐特长，为儿童提供发展空间。通过鉴赏国内外优秀作品，理解多元文化音乐风格，提升儿童艺术品位，培养儿童美好的情操、健全的人格。

二、学科课程分目标

《义务教育音乐课程标准（2011年版）》上述课程目标分为三个维度：情感态度与价值观，过程与方法，知识与技能。而我们根据三个维度把"融美音乐"按"融声知美""融技鉴美""融新创美""融尚赞美"四大领域设定学段目标（见表2-1）。

表2-1 "融美音乐"课程学习学段目标

目标 / 学段 \ 领域	融声知美	融技鉴美	融新创美	融尚赞美
1—2年级	基础目标：1.能自然地、有表情地用正确的姿势独唱或齐唱，积极参与演唱活动；2.能用唱名模唱简单乐谱；3.能对指挥动作做出反应；4.能够采用不同的力度、速度来表现歌曲的情绪；5.每学年能够背唱歌曲2—4首（其中中国民歌一首）。拓展目标：1.能开始并保持对演唱的持续兴趣；2.有意愿主动参与班级或学校关于演唱的活动；3.能够完成融美课程内的曲目要求。	基础目标：1.学习常见的课堂打击乐器，参与演奏活动；2.能够用打击乐器或其他声音材料合奏或为歌曲伴奏；3.掌握课堂小乐器的基本演奏技术，能用正确的姿势演奏；4.在演奏过程中，能对指挥动作做出恰当的反应；5.每学年学会用乐器演奏1—2首简单歌曲。拓展目标：1.能开始并保持对演奏的持续兴趣；2.有意愿主动参与班级或学校关于演奏的活动；3.能够完成融美课程内的曲目要求。	基础目标：1.能够参与综合性艺术表演活动；2.能够配合歌曲、乐曲用身体做动作；3.能够与他人合作，进行律动、集体舞、音乐游戏、儿童歌舞表演等活动；4.能够将儿歌、诗词短句用不同的节奏、速度、力度等加以表现；5.能够在唱歌与聆听音乐时即兴表演；6.能够用课堂乐器或其他声音材料即兴配合音乐故事和音乐游戏。拓展目标：1.能保持对表演的持续兴趣；2.有在生活中表现音乐活动的体现；3.能够完成融美课程内的练习。	基础目标：1.感受自然界和生活中的各种声音，能够用自己的声音或打击乐器模仿喜欢的音响；2.能够听辨不同的人声、乐器的音色，并能用打击乐器奏出不同强弱力度的声音；3.能够感受并描述音乐中的力度、速度、情绪的变化与风格的不同，并对二拍子、三拍子的音乐做出相应的体态反应，并能流露出相应表情。拓展目标：1.能对聆听音乐保持一定的好奇心与耐心；2.有在生活中发现音乐，聆听音乐的体现；3.能够完成融美课程内的欣赏曲目要求。
3—6年级	基础目标：1.乐于参加演唱活动；2.能够用正确的演唱姿势和呼吸方法唱歌，培养良好的唱歌习惯；3.能够用自然的声音、准确的节奏与音调，有表情地独唱或参与齐唱、合唱、轮唱，并能对指挥	基础目标：1.乐于参加各种演奏活动；2.学习竖笛、口琴、口风琴或其他课堂乐器的演奏方法，参加歌曲、乐曲的表演；3.培养良好的演奏习惯，能够对自己和他人的演奏作品简单评价；4.每学	基础目标：1.能够在教师指导下自制简单乐器；2.能即兴编创同歌曲情绪一致的律动或舞蹈，并参与表演；3.能以各种声音及不同的音乐表现形式，即兴编创音乐故事、音乐游戏并参与表演；	基础目标：1.能发现自然界和生活中的各种音响，能够用自己的声音或乐器模仿喜欢的音响；2.能够听辨歌唱中不同类型的女声和男声音色，说出人声的分类，能够认识常见的中国民族乐器与西

（续表）

领域 目标 学段	融声知美	融技鉴美	融新创美	融尚赞美
3—6 年级	动作做出恰当的反应；4. 能初步懂得嗓音保护的方法，了解变声期嗓音保护的知识；5. 能够跟随琴声视唱简单乐谱，具有初步识谱能力；6. 能够对自己或他人的演唱做出简单评价；7. 每学年能背唱歌曲4—6首（其中中国民歌1—2首）。拓展目标：1. 能保持对演唱的持续兴趣；2. 有意愿主动参与班级或学校关于演唱的活动；3. 能够完成融美课程内的曲目要求。	年能够演奏乐曲3—4首。拓展目标：1. 能保持对演奏的持续兴趣；2. 有意愿主动参与班级或学校关于演奏的活动；3. 能够完成融美课程内的曲目要求。	4. 能够在教师指导下，尝试运用图谱或乐谱记录声音和音乐；5. 能够利用教师或教材提供的材料和方法，独立与他人合作编创2—4小节的节奏或旋律。拓展目标：1. 能产生对音乐创造的兴趣；2. 主动产生在生活中发现音乐、创造音乐的想法；3. 能够完成融美课程内的练习。	洋乐器，并能听辨其音色；3. 听辨不同情绪、不同地区、不同风格的音乐，能够做出区别与简要描述；4. 能够听辨旋律的高低、快慢、强弱，能够感知音乐主题，区分音乐基本段落，分辨不同的小型音乐体裁，并能够运用体态或线条、色彩做出相应的反应。拓展目标：1. 热爱音乐，愿意聆听与分享音乐；2. 对音乐有基本的审美与判断能力，能表达对音乐的态度；3. 能够完成融美课程内的欣赏曲目要求。

第三节

个性历练，营造充满生机的艺术殿堂

一、学科课程结构

依据《义务教育音乐课程标准（2011年版）》基于核心素养对儿童的不同维度的要求，为了在国家教材目标的基础上实现"融美音乐"课程目标，我校设置"融美音乐"课程群，一方面从儿童的年龄特点出发；另一方面基于教材内容，阶梯式地开设1—6年级课程。

《义务教育音乐课程标准（2011年版）》中指出：音乐学科的课程内容的结构框架分为四大领域：感受与欣赏，表现，创造，音乐与相关文化。我们通过课程标准的课程结构将音乐课程具体分为"融声知美""融技鉴美""融新创美""融尚赞美"四个领域（见图2-1）。

各领域课程内容如下：

"融声知美"。通过对音乐的表现，以演唱为表现手段，并在音乐作品的学习中融合其他综合性表演技能与知识，最终让儿童在参与学唱的过程中感受旋律的韵味，积累感性经验与理性知识，提高演唱水平，从而在获得自信的同时，增强对美的体验。

"融技鉴美"。通过对音乐的表现，以乐器作为载体，引导儿童在学习音乐与表现乐器的过程中，培养儿童的基本演奏技能，扩大音乐视野，获得美的感受。

"融新创美"。音乐是真情实感的再现，运用音乐素材引导儿童根据自己的体验认知理解来进行创编活动。在音乐实践活动中捕捉音乐形象并揭示作品内涵，提升儿童创编能力。

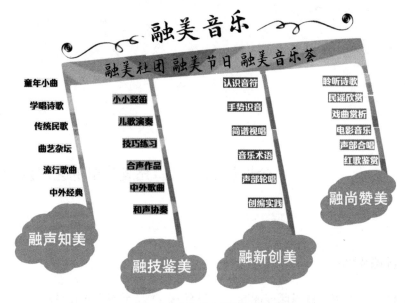

图2-1　"融美音乐"课程结构图

"融尚赞美"。通过聆听与感受，使儿童对音乐的情感体验得到层层递进，从感性的愉悦上升到理性的情感共鸣。通过对作品的分析与鉴赏，进一步使儿童了解音乐与姊妹艺术，拓宽儿童的音乐文化视野，加强音乐与生活的纽带，促进儿童身心健康发展。

二、学科课程设置

拓展课程依据《义务教育音乐课程标准（2011年版）》，对现有教材研究归纳，针对不同年龄段各年级儿童实施展开。拓展课程包含课堂内的延伸课以及课堂外的拓展课，具体包括"融美延伸课堂""融美社团""融美节日""融美音乐荟"。利用唱、演、赏、跳、奏、识等教学手段对儿童进行音乐教学。以下为六个年级的拓展课程设置（见表2-2、表2-3）。

表2-2　"融美音乐"课程总设置表

年级	领域 学期	融声知美	融技鉴美	融新创美	融尚赞美
一年级	上学期	童年小曲（上） 合唱比赛 校园好声音	小小竖笛（上） 民乐音乐会 管乐音乐会	认识音符（上）	聆听诗歌（上）

领域 学期 年级		融声知美	融技鉴美	融新创美	融尚赞美
一年级	下学期	童年小曲（下）	小小竖笛（下）	认识音符（下） 舞蹈比赛 文艺汇演 创作小能手	聆听诗歌（下）
	整学年	民谣荟	扬帆管乐队 课堂小乐器	百灵舞团	故事荟
二年级	上学期	学唱诗歌（上） 合唱比赛 校园好声音	儿歌演奏（上） 民乐音乐会 管乐音乐会	手势识音（上）	民谣欣赏（上）
	下学期	学唱诗歌（下）	儿歌演奏（下）	手势识音（下） 舞蹈比赛 文艺汇演 创作小能手	民谣欣赏（下）
	整学年	诗歌荟	扬帆管乐队 课堂小乐器	百灵舞团	歌舞荟
三年级	上学期	传统民歌（上） 合唱比赛 校园好声音	技巧练习（上） 民乐音乐会 管乐音乐会	简谱视唱（上）	戏曲赏析（上）
	下学期	传统民歌（下）	技巧练习（下）	简谱视唱（下） 舞蹈比赛 文艺汇演 创作小能手	戏曲赏析（下）
	整学年	五音阁合唱团	扬帆管乐队 喜迎佳节 器乐比赛	百灵舞团 京韵戏曲团 课堂小乐器	音响荟 国乐荟
四年级	上学期	曲艺杂坛（上） 合唱比赛 校园好声音	合声作品（上） 民乐音乐会 管乐音乐会	音乐术语（上）	电影音乐（上）
	下学期	曲艺杂坛（下）	合声作品（下）	音乐术语（下） 舞蹈比赛 文艺汇演 创作小能手	电影音乐（下）
	整学年	五音阁合唱团	扬帆管乐队	百灵舞团 京韵戏曲团 课堂小乐器	影视荟 歌剧荟

年级	领域 学期	融声知美	融技鉴美	融新创美	融尚赞美
五年级	上学期	流行歌曲（上） 合唱比赛 校园好声音	中外歌曲（上） 民乐音乐会 管乐音乐会	声部轮唱（上）	声部合唱（上）
	下学期	流行歌曲（下）	中外歌曲（下）	声部轮唱（下） 舞蹈比赛 文艺汇演 创作小能手	声部合唱（下）
	整学年	五音阁合唱团	扬帆管乐队	百灵舞团 课堂小乐器	戏曲荟 红歌荟
六年级	上学期	中外经典（上） 合唱比赛 校园好声音	和声协奏（上） 民乐音乐会	创编实践（上）	红歌鉴赏（上）
	下学期	中外经典（下）	和声协奏（下）	创编实践（下） 舞蹈比赛 文艺汇演 创作小能手	红歌鉴赏（下）
	整学年	五音阁合唱团	扬帆管乐队	课堂小乐器	传统音乐荟 世界音乐荟

表2-3 "融美课堂"设置表

年 级	课程类别	课程名称	课 程 内 容
一年级（上）	融声知美	童年小曲（上）	《数鸭子》 《娃哈哈》 《卖报歌》 《读书郎》
	融技鉴美	小小竖笛（上）	认识竖笛 音阶演奏
	融新创美	认识音符（上）	全音符、二分音符、四分音符、八分音符、十六分音符
	融尚赞美	聆听诗歌（上）	《声律启蒙》 《游园不值》 《登乐游原》 《杜陵绝句》

年 级	课程类别	课程名称	课 程 内 容
一年级（下）	融声知美	童年小曲（下）	《小燕子》 《一头牛》 《脚脚板板》 《看谁常洗手》
	融技鉴美	小小竖笛（下）	《音阶歌》 《小星星》 《两只老虎》 《小宝宝要睡觉》
	融新创美	认识音符（下）	以四分音符为一拍的各种节奏组合
	融尚赞美	聆听诗歌（下）	《三字经》 《咏鹅》 《画》 《静夜思》
二年级（上）	融声知美	学唱诗歌（上）	《江上渔者》 《秋浦歌》 《微雨夜行》 《春雪》
	融技鉴美	儿歌演奏（上）	演奏技巧、速度提升 《小白船》《苏珊娜》 《纺织姑娘》《红河谷》
	融新创美	手势识音（上）	柯尔文手势 学习do re mi fa sol 手势
	融尚赞美	民谣欣赏（上）	《童年》 《校园的早晨》 《春天在哪里》 《采蘑菇的小姑娘》
二年级（下）	融声知美	学唱诗歌（下）	《悯农》 《春晓》 《村居》 《小池》
	融技鉴美	儿歌演奏（下）	声部交替演奏 《两只老虎》《小白船》 《铃儿响叮当》
	融新创美	手势识音（下）	柯尔文手势 学习la si手势， 结合歌曲练习

年　级	课程类别	课程名称	课　程　内　容
二年级（下）	融尚赞美	民谣欣赏（下）	《小孩害羞》 《泥娃娃》 《灰斑鸠》 《不倒翁》
三年级（上）	融声知美	传统民歌（上）	《采红菱》 《龙船调》
	融技鉴美	技巧练习（上）	竖笛音阶练习 口风琴音阶练习
	融新创美	简谱视唱（上）	手势配合简谱唱名练习
	融尚赞美	戏曲赏析（上）	《对花》 《唱脸谱》
三年级（下）	融声知美	传统民歌（下）	《小放牛》 《花儿与少年》
	融技鉴美	技巧练习（下）	竖笛演奏 口风琴演奏
	融新创美	简谱视唱（下）	节奏型练习与旋律视唱
	融尚赞美	戏曲赏析（下）	《红灯记》 《空城计》
四年级（上）	融声知美	曲艺杂坛（上）	相声《反正话》 小品《考试之后》
	融技鉴美	合声作品（上）	《多年以前》《欢乐颂》
	融新创美	音乐术语（上）	情绪术语普及
	融尚赞美	电影音乐（上）	电影《音乐之声》
四年级（下）	融声知美	曲艺杂坛（下）	小品《脑筋急转弯》 相声《如此学生》
	融技鉴美	合声作品（下）	《采蘑菇的小姑娘》 《铃儿响叮当》
	融新创美	音乐术语（下）	速度术语普及
	融尚赞美	电影音乐（下）	《冰雪奇缘》
五年级（上）	融声知美	流行歌曲（上）	《明天会更好》 《为梦想时刻准备着》
	融技鉴美	中外歌曲（上）	*Over the Rainbow* *My Heart Will Go On*
	融新创美	声部轮唱（上）	《游击队之歌》与轮唱创编
	融尚赞美	声部合唱（上）	《我心歌唱》《大鱼》

年 级	课程类别	课程名称	课 程 内 容
五年级（下）	融声知美	流行歌曲（下）	《我的未来不是梦》《少年》
	融技鉴美	中外歌曲（下）	《第40号交响曲》《卡农》
	融新创美	声部轮唱（下）	《街头少年合唱》《万岁！我们的世界》
	融尚赞美	声部合唱（下）	《野蜂飞舞》《乘着歌声的翅膀》
六年级（上）	融声知美	中外经典（上）	*Yesterday Once More* *The Sound of Silence*
	融技鉴美	和声协奏（上）	《奇异恩典》*Danny Boy*
	融新创美	创编实践（上）	身体乐器与人声交响乐
	融尚赞美	红歌鉴赏（上）	《在希望的田野上》《我和我的祖国》
六年级（下）	融声知美	中外经典（下）	《天空之城》《斯卡布罗集市》
	融技鉴美	和声协奏（下）	《千与千寻》《友谊地久天长》
	融新创美	创编实践（下）	简易即兴作曲练习
	融尚赞美	红歌鉴赏（下）	《在太行山上》《南泥湾》

第四节

多维促学，品味瑰丽多彩的生活乐章

《义务教育音乐课程标准（2011年版）》提示我们在教学中应注意："遵循听觉艺术的感知规律，突出音乐学科的特点；重视教学目标的设计与整合；注意音乐教学各领域之间的有机联系；正确处理教学中的各种关系；积极引导学生进行音乐实践活动；合理运用现代教育技术手段；因地制宜实施本标准。"我们注重创设能彰显音乐特色的育人环境，本着课堂教学与课外活动相结合、趣味和审美相结合的原则，我们积极开展生动丰富的音乐团队活动、校本课程，拓展音乐学习的内容，从而激发儿童的学习热情，培养儿童的音乐审美能力，提高儿童的音乐素养。并结合学校国防特色，培养儿童爱国情感。在具体实施方面，本课程从构建"融美课堂"、设立"融美节日"、建立"融美社团"、举办"融美音乐荟"四方面实施。

一、打造"融美课堂"，与美同行

"融美课堂"是将审美、鉴赏、体验、趣味、创作等内容相结合融入教学的课堂，是教师成长和儿童个性发展的课堂，是儿童在轻松快乐的环境下，体会"融""美"的课堂。这样的课堂使老师和儿童能够在和谐的气氛下交流沟通，从而使儿童敢于演唱、勇于表现、乐于展示，让老师与儿童互动起来，课堂生动起来。在"融美课堂"中，教师教学手段灵活多样，不断激发儿童保持对音乐学习的持久兴趣，促使儿童愿意主动获得知识。

（一）"融美课堂"的实践操作

"融美课堂"将充分利用每一节音乐课，将"融声知美""融新创美""融尚赞美"三个领域灵活巧妙地融合在课堂内的前十分钟或后十分钟，可作为教学导入环节、拓展环节、欣赏环节等；"融技鉴美"板块每学期分上下学期各抽取一节课用来单独学习乐器。具体实施将根据不同年级设定不同的延伸内容。搭配教材内容，全面培养儿童的音乐素养。

（二）"融美课堂"的评价要求

《义务教育音乐课程标准（2011年版）》指出："音乐课程评价应充分体现全面推进素质教育的精神，贯彻课程标准所阐述的课程理念。着眼于评价的诊断、激励与改善的功能。通过科学的课程评价，有利于促进课程教学质量的不断提高。"

综上所述，结合课程标准的评价理念，实施课程评价的基本途径包括：组织听、评课活动，教研组和学科负责领导随机听课、课后组织教研、评课活动；个案分析、总结，教研组利用每周固定教研活动时间，针对一位教师的课堂情况进行分析、总结；教师自评、改进，教师个人根据课堂情况填写评价量表，对评价量表进行深入研究，提炼优势与劣势。对于课程中的优势项目应进一步吸收内化，不足之处应自我反思，分析原因并作进一步改进。课堂评价为"优"的课堂，将作为示范展示课进行再次磨课、展示。评价为"合格"的课，备课组长和教研组长跟课改进，不断进行磨课、评课、再上课，直至评价等级为"良"及以上。"融美课堂"评价表如下（见表2-4）。

表2-4 "融美课堂"评价表

课程名称				评价结果		
评价内容	评价指标	评 价 标 准		♩	♫	♬
课堂氛围	师生互动	师生互动频繁、气氛和谐				
课堂质量	情感体验	对乐曲的情绪情感体现				
儿童参与率	全体主动	儿童兴趣浓厚，能积极主动参与教学过程				
亮点	存在问题	改进意见				

说明：评价结果分为♩、♫、♬三个等级，最低等级为♩，最高等级为♬，在对应的方框内打"√"。

二、开启校园音乐之声，增添校园艺术氛围

（一）"音乐之声"的实施操作

"音乐之声"将"融美课程"的内容进一步渗透，利用学校广播在课间十分钟、大课间户外活动、上学放学铃声的不同时段播放。满足儿童音乐形式多样化、音乐内容多样化的需求，并能在浓厚的音乐氛围中受到潜移默化的音乐熏陶；让儿童在紧张的学习之余放松身心，在日积月累中提高儿童的音乐审美能力、鉴赏能力。

"音乐之声"的曲目单包含了融美课程内涵盖的曲目、爱国主义歌曲与符合校园当前环境的歌曲。原则上每周更新三首新乐曲替换原曲目单。更换曲目可以由儿童评价投票选出，既有主旋律的贯穿，又贴合儿童的审美喜爱。

（二）"音乐之声"的评价要求

校园音乐之声广播面向全体儿童，儿童是重要的聆听者、参与者，以学生为评价主体定期征集问卷调查，让儿童选择最喜欢的歌曲。评价表如下（见表2-5）。

表2-5 "音乐之声"评价表

时　间	曲　目	你 喜 欢		
		♩	♫	♫♪
入学	《早上好》			
	《校园的早晨》			
	《读书郎》			
	《健康歌》			
大课间活动	《游击队之歌》			
	《爱我中华》			
	《弹起我心爱的土琵琶》			
	《光荣啊，中国共青团》			
	《中国少年先锋队队歌》			
第一课间十分钟	《少年》			
	《海草舞》			
	《红河谷》			

时　间	曲　目	你 喜 欢		
		♩	♫	♫♪
第二课间 十分钟	《童年》			
	《踏浪》			
	《明天会更好》			
上午放学	《我的未来不是梦》			
	《我是一只小小鸟》			
	《乘着歌声的翅膀》			
下午入学	《在希望的田野上》			
	《我心歌唱》			
	《铃儿响叮当》			
	《悯农》			
课间十分钟	《欢乐颂》			
	《花儿与少年》			
	《本草纲目》			
下午放学	《萤火虫》			
	《念故乡》			
	《大鱼》			
	《卡农》钢琴曲			
	《听妈妈的话》			
	《小白船》			

说明：评价结果分为♩、♫、♫♪三个等级，最低等级为♩，最高等级为♫♪，在对应的方框内打"√"。

三、建立"融美社团"，发展音乐学习兴趣

为了深入推进素质教育，以培养儿童综合素质为目标，提高儿童的艺术修养；发展艺术特长，培养艺术人才，丰富校园文化生活，培养和挖掘高素质、高水平、有艺术天赋的少儿艺术人才；为他们创造一个施展才华的平台，养成艺术修养的习惯，使儿童在多元化活动中身心健康得到同步发展，丰富儿童的想象力和创造力，提高全校儿童的艺术素养。创新建设社团活动，让

丰富的社团成为儿童个人和团队成长的乐园，放飞梦想的沃土。因此，我们建立了"融美社团"。

（一）"融美社团"的课程实施

学校依据"融美音乐"的办学理念，开发实施丰富多彩的社团课程，具体实施如下：

1.指导原则

（1）提高儿童音乐审美素养，促进儿童全面发展。

（2）丰富儿童课余生活，为儿童提供展示自我和交流的平台，从而促进儿童对音乐的持久兴趣。

（3）社团活动的实施以儿童自愿参与的原则，根据儿童的发展需求，有计划、有目标地提高儿童活动技能。

（4）发展特长，建设特色教育的原则推行社团活动，进一步拓展儿童学习音乐的空间，张扬个性，提升社团活动质量。

（5）创设条件，保障安全的原则，合理安排活动的时间和地点，把社团育人和校园文化建设结合起来。

2.组织程序

（1）辅导员老师策划特色社团活动方案提交至学校。

（2）辅导员老师招募社员，做好社团成员档案记录。辅导教师招收社团活动成员，填写好成员名单。

（二）社团活动实施内容和具体要求

1.活动实施内容

全面推进素质教育，创办特色艺术活动，提高儿童审美认知能力，以培养对社会有用的、高素质的艺术人才为目标，促进儿童特长发展和健康成长，确定以下社团活动：

（1）"扬帆管乐队"社团：了解乐器的基本性能与演奏特点，探讨管乐队所涉及的各类乐器的音域与演奏注意事项，让儿童了解单技训练与合奏训练特点。培养儿童的团队合作精神，丰富课余生活，美化情操。

（2）"五音阁合唱团"社团：学习用科学的发声方法、正确的演唱姿势、准确的音高节奏、合理的气息情感等进行唱歌，掌握一定的合唱技巧。在合唱训练中了解各种音乐知识，提高音乐素养，体验合作的快乐。

（3）"百灵舞团"社团：加强舞蹈基本功训练，掌握舞蹈基本动作，学会跳简单的舞蹈，能完成舞蹈独舞或者群舞，体验舞蹈魅力。

（4）"京韵戏曲团"社团：初步了解京剧入门常识、京剧基础知识，通过表演体会京剧的魅力，促进儿童对戏曲文化的热爱。

（5）"课堂小乐器"社团：通过课堂打击乐器训练，注意节奏敲击的精准以及看谱、视奏的能力。

2. 活动实施操作措施

（1）每次活动目标明确，期末结束上交相关材料（活动照片、过程性资料、活动评价）。

（2）在儿童自愿的前提下，由辅导教师组织儿童开展活动，每个社团人数控制在30—50人。各负责音乐教师统筹安排，利用"课后三点半"与学前学后时段开展各社团活动。严格根据常规社团规范章程执行。

3. 社团活动管理办法

德育处、教导处负责对各社团活动进行组织实施以及管理。

4. 社团活动的评价

（1）德育处、教导处对每次活动进行检查，随时了解活动开展情况。

（2）每学期期末，组织召开社团展示评选答辩会，校内对优秀社团进行表彰。

（三）"融美社团"的评价要求

1. 按照学校要求按时开展丰富多彩的社团活动，阶段性上交社团工作活动内容（附活动照片、过程性资料、活动评价）。

2. 对社团活动的审美性、安全性、科学性、成效性进行评比（见表2-6）。

表2-6 "融美社团"评价表

序号	项 目 及 评 价 标 准	得分 （100分）
1	社团建立、章程、细则、考评规范，流程详细（10分）	
2	上课内容突出社团特色，能彰显社团特色，能有效提升儿童的相关素养（10分）	
3	儿童参与面广、兴趣浓厚（10分）	
4	社团成员服装的维护存放与教室的日常打扫（20分）	

（续表）

序号	项 目 及 评 价 标 准	得分（100分）
5	演出与比赛的质量水平与公关形象（20分）	
6	社团的排练日常记录与反馈（10分）	
7	通过调查、问卷等形式了解儿童对社团活动的满意度（10分）	
8	社团内部建设与社团会员参与度（10分）	

四、举办"融美音乐荟"，丰富学科课程内涵

2017年黄山路小学荣获全国"国防教育特色学校"称号，为了提高儿童国防素质，增进儿童的爱国情感，推进实施爱国主义教育，我们围绕学校特色，举办"融美音乐荟"活动。通过"融美音乐荟"的开展，拓展儿童的学习空间，丰富儿童的思想内涵和生活体验，让儿童在拓展学习的过程中增长见识，感受爱国热情，体验爱国情感，增强爱国情怀。

（一）"融美音乐荟"的实施策略

"融美音乐荟"是基于教科书之外对儿童进行音乐知识科普及爱国教育的拓展和补充，"音乐荟"的"荟"意在荟萃精华音乐元素，使儿童接触到更多元化的音乐世界，感受音乐课程的美妙。我们通过歌舞剧、音乐剧、红歌科普会、音乐故事会、交响乐、国乐等拓展儿童知识面，深入了解音乐世界。课程设置表如下（见表2-7）。

表2-7 "融美音乐荟"课程设置表

年 级	音乐荟主题	音乐荟内容
一（上）	故事荟	《我爱红领巾》
一（下）	民谣荟	《升国旗》
二（上）	诗歌荟	《祖国妈妈》
二（下）	歌舞荟	《红星闪闪》
三（上）	音响荟	《游击队歌》
三（下）	国乐荟	《赛马》
四（上）	影视荟	《飞夺泸定桥》
四（下）	歌剧荟	《智取威武山》

年　级	音乐荟主题	音乐荟内容
五（上）	戏曲荟	京剧、黄梅戏经典选段
五（下）	红歌荟	《歌唱祖国》
六（上）	传统音乐荟	《我爱你中国》
六（下）	世界音乐荟	《国际歌》

"融美音乐荟"安排在每学期中段，根据音乐荟的主题选择适合的方式开展，面向全体学生，结合学校特色，扩大儿童音乐视野、提高儿童音乐素养、培养爱国情感。在此过程中，我们重视利用身边资源，邀请区教体局专家、优秀教师、有音乐背景知识的家长进行专题讲座及音乐教学研讨。

（二）"融美音乐荟"的评价要求

"融美音乐荟"评价要考虑各年级儿童身心发展特点，内容要综合考量，课程主题明确，使教学内容安排合理；要考虑音乐课程教育的整体性和连贯性，要注重与儿童的互动，使儿童能够积极踊跃发表自己的活动见解，并考量各年级的参与度。评价要求尤其要考虑贴合学校特色，对儿童有爱国主义教育的积极作用（见表2-8）。

表2-8　"融美音乐荟"活动实施评价量表

评价主题				
评价内容	评　价　标　准	评　价　等　级		
		♩	♫	♬
主题内容	贴近主题，内容充实，体现爱国情感，拓宽音乐视野			
课堂表现	课堂氛围浓厚，积极性与课堂专注度高			
学生评价	课堂安排，教师授课，主题内容			
学生反馈				

说明：评价结果分为 ♩ ♫ ♬ 三个等级，最低等级为 ♩，最高等级为 ♬，在对应的方框内打"√"。

五、设立"融美节日"，营造音乐学习氛围

举办活动是促进儿童全面发展的重要举措。为了丰富儿童校园精神文化

生活、进一步提升儿童的音乐素养、增强儿童之间的交流与合作，我们设立了"融美节日"，具体活动安排表如下（见表2-9）。

表2-9 "融美节日"活动安排表

学期	节 日	主 题	活 动
第一学期	国庆节	祝福祖国	合唱比赛
	中秋节	喜迎佳节	民乐音乐会
	教师节	歌颂教师	校园好声音
	元旦	欢度新年	管乐音乐会
第二学期	劳动节	劳动最光荣	舞蹈比赛
	儿童节	欢庆"六一"	文艺汇演
	建党节	红歌童谣	创作小能手

（一）"融美节日"的实施

"融美节日"面向全体儿童，重在普及，充分发挥音乐教育的育人功能，培养儿童健康的审美情趣、良好的音乐修养，促进广大儿童全面发展。弘扬中华民族优秀传统文化，体现思想性和艺术性的统一，注重突出地方特色和革命传统，展现儿童热爱祖国、朝气蓬勃、积极向上的精神风貌。体现时代特征、校园特色和少儿特点，进一步推动我们美好教育的深入实施。

（二）"融美节日"评价要求

"融美节日"主要通过器乐、声乐、舞蹈等形式，根据学习态度、学习过程、协作能力和学习收获，来进行综合评价。活动紧紧围绕主题，展现儿童热爱音乐、热爱祖国、朝气蓬勃、天天向上的精神风貌，弘扬中华民族优秀文化，开展具有新时代风貌、校园文化特色，符合儿童特点的音乐活动（见表2-10）。

表2-10 "融美节日"活动评价表

评价节日				
评价内容	评 价 标 准	评 价 等 级		
		♩	♫	♬
主题内容	了解节日的由来、演变及意义，能与他人分享这一节日			
体裁形式	用音乐的方式进行探究、创作、表现节日，活动能体现节日氛围、表现节日意义			

评价节日		评价等级		
评价内容	评 价 标 准	♩	♫	♫♫
协作能力	能与同伴合奏、合唱，共同完成表演			
成果展示	成果呈现形式多样，能体现"融与美"			

说明：评价结果分为 ♩ ♫ ♫♫ 三个等级，最低等级为 ♩，最高等级为 ♫♫，在对应的方框内打"√"。

（撰稿人：沈钰　陈正帅　罗欢）

第三章

泛项目化课程的
框架与内容

　　"知识日新月异、越积越厚，而学生的时间和精力终究有限。"[1]当前国家课程中的美术与音乐在人文性、审美性和实践性的价值观导向上，仍存在不足。很多一线教师表示在累积教学实践的过程中，单纯地依据国家教材进行教学，并不能满足儿童的现实需要。泛项目化课程旨在一切为了儿童，在已有的国家教材的基础上，继续深入探究更多的拓展性课程。

---

[1] 张华.课程与教学论［M］.上海：上海教育出版社.2000：192.

陶行知先生说过"生活即教育"，教育就发生在生活之中，教育的中心和目的是生活。在泛项目化课程中教师可以从"1"拓展出更多的"X"，因地制宜地结合生活情境，积极探索符合儿童发展需要的课程内容。相较于传统教学，教师将学习与生活相融合，更能从儿童主体出发，更容易以新颖独特的视角抓住儿童的注意，拓展思维，激发儿童的学习兴趣，拉近与儿童之间的距离，使得儿童更积极主动地参与到课堂中去。具备学科融合能力思考的儿童，能够大胆地想象，提出新观点，形成更为全面、综合、多视角的认知，有助于突破思维的局限产生新的思路，为进一步展开更为全面综合的分析和研究，寻找出新的方法，创新性地解决问题。泛项目化课程要求教师不仅要了解儿童兴趣、天性、需要，还要通过资源联动、有效互动、评价驱动激活课堂，引导儿童爱学、善学、创学，让儿童真正沉浸在课程中、沉浸在美的教育中。通过生活中任何复杂的问题、庞杂的对象、繁杂的学习及工作，引导儿童主动建立知识与生活的联系。泛项目化课程就是将生活与所学知识进行串联，鼓励儿童用更全面的知识去解决生活中的问题，增强知识的适用性。

基础性课程是利用现行教育部统编的艺术教材，以学科文化知识为核心的课程。教师依据课程标准规定的教材完成教学设计，天马行空的儿童一直接受这种以间接经验为主的学习，审美能力很难得到提高。拓展性课程立足于儿童生活本体和自我需求相结合的直接经验学习，以学习经验为核心内容的拓展性课程。在已有的基础性课程"1"的启发下，开拓更多拓展性课程"X"。透过艺术视角设计"1+X"的泛项目化课程框架。联系儿童的已有经验以工作任务为中心，不预先设计结果，让其独立自主地选择、组织学习以完成工作任务，获得全面发展。"X"与"1"相结合，着眼于满足儿童的现实生活和需求。

儿童通过泛项目化课程在现阶段的学习中，体验和经历更具意义的实践，完成工作任务、促进自我审美经验生成。黄山路小学制定了"让儿童与美好同行"的"汇艺美术"，"汇艺美术"课程就是在国家统编教材内容的基础上，基于儿童成长的特点，设置了"循序渐进式"泛项目化课程框架。"汇艺美术"课程中尝试学习手绘草图或立体制作的方法表达对军人的赞歌，以感受国防与生活的紧密联系，让国防教育寓教于乐。"汇艺美术"课程基于核心素养对儿童不同维度的要求，在基础性课程"1"的启发下，拓展出更多的

"X"，即设计出"汇表现""汇设计""汇鉴赏""汇探索"四类泛项目化课程内容。

汇艺美术：让儿童与美好同行

合肥市黄山路小学创办于1981年，在2017年荣获全国"国防教育特色学校"称号，学校将国防教育融入每位儿童的学习和生活中，培养德智体美劳全面发展的儿童。孔子曰："性相近，习相远。"每个儿童在生命的最初都是一张白纸，我们的美术教育就是为这张白纸画上美丽的色彩，而不是单纯地训练儿童成为一个小画匠。只有当儿童在接受美术教育的过程中，真正充实了精神世界，丰富了生活积累，提高了文化水平和审美修养，完善其品性人格，这才是施行美术教育的目的。我们美术学科课程群的教育理念是：让美汇入生活，汇入思维，汇入心灵，与美好同行。我们美术教师队伍具有较高的理论素养和实践经验，现有美术专职教师六人，其中合肥市骨干教师三人。全组教师先后荣获全国创新课堂大赛一、二、三等奖，全国融合大赛一等奖，安徽省自育自学实验课堂大赛二等奖，合肥市现场课教学评比一等奖等；儿童辅导方面也分别在国家、省、市等各级比赛中屡获殊荣。现依据教育部《关于全面深化课程改革，落实立德树人根本任务的意见》《义务教育美术课程标准（2011年版）》等文件精神，制定美术学科课程群建设。

第一节

以美汇艺，构建欣欣向荣的人文情境

一、学科性质观和价值观

学科性质决定了美术学科必须是汇集美的行为、美的生活、美的感受、美的心灵等方面内容的课程。

"随风潜入夜，润物细无声。"美术课程寓理于情，寓教于乐，在潜移默化中帮助儿童成长，通过学科间有效融合美术知识和理解美术，开展过程中以特色主题活动规划课程内容，并且加强美术课程资源的外延，不仅重视美术知识与技能的学习，更重视过程与方法的实践以及情感态度和价值观的培养。在丰富灵活的课堂体验中发展动手能力、欣赏能力和创新能力，从而促进儿童个体发展，拓宽儿童视野，提高儿童审美能力，发展思维，创造美好。正如泰戈尔说的那样："不是锤的打击，而是水的载歌载舞，才形成美丽的鹅卵石。"

二、学科课程理念

海纳百川，有容乃大。点滴成河，汇聚美好。学校是大海，儿童是鱼，大海里有了千姿百态的鱼，才充满了生命力。遵循儿童成长和学习规律，让儿童适性成长是校园里最美的风景。

依据《关于全面深化课程改革，落实立德树人根本任务的意见》《义务教育美术课程标准（2011年版）》等文件精神，我们制定了以"让儿童与美好同行"为学科理念的"汇艺美术"。所谓"汇艺"，"汇"即"汇集"，融会贯通，"艺"即"多才多艺""创新力"。《尚书·金滕》："予仁若考，能多才多艺，能事鬼神。"《论语·子罕》："吾不试，故艺。"韩愈《师说》："六艺经传皆通习之。"

（一）"汇艺美术"是行为美的美术

"汇艺美术"面向所有在校儿童，每一堂美术课都是一场快乐美好的旅程，在这里每个儿童都能找到自己的色彩，规范自己的行为，每个儿童都是"汇艺美术"的主人。课程给每个儿童提供良好的学习空间，利用美术本身独特的法则和神奇的境界，为儿童个性与创新精神的培养提供指导，尊重儿童的个性和创造性，适时提醒儿童的行为准则，使儿童更加乐于亲近美术学习、规范美术行为，增强艺术感知能力，在美术学习中体验成功的喜悦。儿童能在这里遇见最美好的自己，与美好同行。泛项目化课程通过看看、画画、做做等方法大胆、自由地表现生活中的纸造型艺术，体验造型活动的乐趣；学习民间面塑知识，体验非遗文化的传承发展之路；了解和感受中国传统节日风俗习惯，激发丰富的想象力；打造黄山路小学国防特色课程，表现军营军人风采，感受和平带来的幸福；用创造性的笔墨语言，表现远景、近景、中景关系；认识安全标识，装饰校园环境。

（二）"汇艺美术"是生活美的美术

"汇艺美术"关注每一个儿童的成长，坚信每个儿童都具有学习美术的潜能，能在他们不同的潜质上获得不同程度的发展和进步。表现生活中的美，欣赏生活中的美，课堂上点、线、面、形、色构成可以有一定程度的创造自由，相信儿童对美的感觉是超乎寻常的灵敏，肯定儿童某种天分和天性。儿童拥有自己的美术表达形式，能够独立地描绘生活是一件多么美好的事情。泛项目化课程尝试用简单的形状折出植物、动物等图案，并进行简单组合和装饰美化，体验动手设计和制作活动的乐趣；用纸碟进行创意设计，激发儿童变废为宝的环保意识；设计制作有特色的葫芦造型，进行创意组合葫芦小艺术品；学习手绘草图或立体制作的方法表达对军人的赞歌，感受国防与生活的紧密联系，让国防教育寓教于乐；认识标识，运用对比与和谐、对称与均衡、节奏与韵律等形式原理，设计和制作标识。

（三）"汇艺美术"是感受美的美术

艺术不仅美化生活，也指引着我们的理想和希望，"汇艺美术"不仅是一门培养儿童艺术情感的学科，也是陶冶艺术情操、传递文化、启迪心灵的大课堂，同时它还具备注重生活、社会的联系，学习形式、情感态度价值观的培养特点。泛项目化课程"大师零距离"，试着用简短的语言大胆表达自己的看法和感受；"我学大师画"课程，用口头或书面语言对欣赏对象进行描述，表达自己的真情实感；走进合肥当地的艺术馆、博物馆等场所，面对面欣赏中外美术大师艺术作品，汲取营养，感受艺术的魅力；"红色大课堂"课程，培养儿童严守纪律、果敢坚强、言行规范的军人作风；"大手拉小手"课程，结合学校架构的"美好教育"品牌，共同培养儿童安全意识，守护儿童安全。

（四）"汇艺美术"是心灵美的美术

"汇艺美术"充分发挥其审美教育功能，体现美术学科特点，教师顺其自然引导儿童进行创造性思维活动，力求让每个儿童能够达到有效学习，追求美好事物，获得理想的学习效果。课程内容广泛，涵盖面大，具有多元性和多层次性，全方位多角度贯穿儿童综合素养的发展。所以，在美术学习中，我们要激励儿童主动探究，尝试各种各样的美术形式，培养儿童勇于求索的精神。世界上不缺少美，而是缺少发现美的眼睛。"汇艺美术"课程创设情境制作纸艺，共同美化环境；童画艺树，展示儿童创意作品，与语文、音乐、道德与法治等学科内容相结合，进行无主题或有主题的想象、创作和展示；尝试运用美术形式来表达心目中的传统佳节；军营初体验，感受军营文化，身临其境地获得国防知识；培养儿童的爱国之心、报国之情、强国之志和家国思想；主题墙绘展，用多种美术媒材进行策划、创作与展示。

基于此，"汇艺美术"课程就是创设轻松愉悦的学习氛围，让儿童能够充分体验美术学习的快乐，保持学习美术的积极性与愉悦性。在美术课程中，儿童能自由地抒发情感，创意地表达个性。力求每一个儿童都与美好同行。

第二节

点滴成河，成就乐观向上的自我发展

一、学科课程总体目标

《义务教育美术课程标准（2011年版）》美术课程总目标按"知识与技能""过程与方法""情感、态度和价值观"三个维度设定："学生以个人或集体合作的方式参与美术活动，激发创意，了解美术语言及其表达方式和方法；运用各种工具、媒材进行创作，表达情感与思想，美化环境与生活；学习美术欣赏和评述的方法，提高审美能力，了解美术对文化生活和社会发展的独特作用。学生在美术学习过程中，丰富视觉、触觉和审美经验，获得对美术学习的持久兴趣，形成基本的美术素养。"[1]

核心素养描绘了我们对新时代人才的美好愿景，基于核心素养对儿童不同维度的要求，我们"汇艺美术"课程总目标以儿童为本，致力于提高儿童学习美术的潜能；结合学校特色，并通过学科间有效融合的学习方式，帮助儿童提升综合知识和综合技能，享受成功带来的喜悦；促进德智体美全面和谐发展，为以后生活和学习带来积极的影响。

二、学科课程分目标

《义务教育美术课程标准（2011年版）》中美术课程分目标从"造型·表现""设计·应用""欣赏·评述"和"综合·探索"四个学习领域设定（详见表3-1）。

---

[1] 中华人民共和国教育部.义务教育美术课程标准（2011年版）[S].北京：北京师范大学出版社，2012：1.

表3-1 合肥市黄山路小学美术学科课程分目标

版本 领域	国家基础教材目标	拓展教材目标
造型·表现	1. 观察、认识与理解线条、形状、色彩、空间、明暗、肌理等基本造型元素，运用对称、均衡、重复、节奏、对比、变化、统一等形式原理进行造型活动，增进想象力和创新意识。 2. 通过对各种美术媒材、技巧和制作过程的探索及实验，发展艺术感知能力和造型表现能力。 3. 体验造型活动的乐趣，敢于创新与表现，产生对美术学习的持久兴趣。	1. 通过看看、画画、做做等方法大胆、自由地表现生活中的纸造型艺术，体验造型活动的乐趣；学习民间面塑知识，体验非遗文化的传承发展之路。 2. 了解和感受中国传统节日风俗习惯，激发丰富的想象力；打造"黄小"国防特色课程，表现军营军人风采；感受和平带来的幸福；用创造性的笔墨语言，表现远景、近景、中景关系；认识安全标识，装饰校园环境。 3. 发展儿童创新思维与创作动手能力，感受和体验艺术的美好，追求人文情怀。
设计·应用	1. 了解设计与工艺的知识、意义、特征与价值以及"物以致用"的设计思想，知道设计与工艺的基本程序，学会设计创意与工艺制作的基本方法，逐步发展关注身边事物、善于发现问题和解决问题的能力。 2. 感受各种材料的特性，根据意图选择媒材，合理使用工具和制作方法，进行初步的设计和制作活动，体验设计、制作的过程，发展创新意识和创造能力。 3. 养成勤于观察、敏于发现、严于计划、善于借鉴、精于制作的行为习惯和耐心细致、团结合作的工作态度，增强以设计和工艺改善环境与生活的愿望。	1. 尝试用简单的形状折出植物、动物等图案，并进行简单组合和装饰美化，体验动手设计和制作活动的乐趣；用纸碟进行创意设计，激发儿童变废为宝的环保意识；设计制作有特色的葫芦造型，进行创意组合葫芦小艺术品。 2. 学习手绘草图或立体制作的方法，表达对军人的赞美，感受国防与生活的紧密联系，让国防教育寓教于乐；认识标识，运用对比与和谐、对称与均衡、节奏与韵律等形式原理，设计和制作标识。 3. 从小事做起，从身边做起，融入生活中的点点滴滴，树立儿童主人翁意识，感受设计服务于生活，展现艺术特色。联系生活，体会设计的美好。
欣赏·评述	1. 感受自然美，了解美术作品的题材、主题、形式、风格与流派，知道重要的美术家和美术作品，以及美术与生活、历史、文化的关系，初步形成审美判断能力。 2. 学会从多角度欣赏与认识美术作品，逐步提高视觉感受、理解与	1. "大师零距离"，试着用简短的语言大胆表达自己的看法和感受；"我学大师画"，能用口头或书面语言对欣赏对象进行描述，表达自己的真情实感；走进合肥当地的艺术馆、博物馆等场所，面对面欣赏中外美术大师艺术作品，

版本 领域	国家基础教材目标	拓展教材目标
欣赏·评述	评述能力，初步掌握美术欣赏的基本方法，能够在文化情境中认识美术。 3. 提高对自然美、美术作品和美术现象的兴趣，形成健康的审美情趣，崇尚文明，珍视优秀的民族、民间美术与文化遗产，增强民族自豪感，养成尊重世界多元文化的态度。	汲取营养，感受艺术的魅力。 2. "红色大课堂"，培养儿童严守纪律、果敢坚强、言行规范的军人作风；"大手拉小手"，结合学校架构的"美好教育"品牌，共同培养儿童安全意识，守护儿童安全。 3. 认识美术表现多样性，感受艺术作品内容的情感美，并把感悟用绘画和文字的方式表现出来，丰富自己的艺术修养。
综合·探索	1. 了解美术各学习领域的联系以及美术学科与其他学科的联系，逐步学会以议题为中心，将美术学科与其他学科融会贯通的方法，提高综合解决问题的能力。 2. 认识美术与自然、美术与生活、美术与文化、美术与科技之间的关系，进行探究性、综合性的美术活动，并以各种形式发表学习成果。 3. 开阔视野，拓展想象的空间，激发探索未知领域的欲望，体验探究的愉悦与成功感。	1. 创设情境制作纸艺，共同美化环境；"童画艺树"，展示儿童创意作品，与语文、音乐、道德与法治等学科内容相结合的方式，进行无主题或有主题的想象、创作和展示。 2. 尝试运用美术形式来表达心目中的传统佳节；"军营初体验"，感受军营文化，身临其境地获得国防知识；培养儿童的爱国之心、报国之情、强国之志和家国思想；"主题墙绘展"，用多种美术媒材进行策划、创作与展示。 3. 体会安全与生活环境关系；通过艺术节等方式，充分展示分享儿童优秀作品；"美好童心汇"，能够运用所学的美术知识，独立创作美术作品，充分感受艺术带来乐趣。

三、学科课程年段目标

核心素养下的美术教学，是充分尊重儿童个性的课程之一，因此，"汇艺美术"结合四个学习领域和学校实际情况，顺应儿童成长身心发展水平规律，设置四个项目："汇表现""汇设计""汇鉴赏""汇探索"。课程内容具有连续性和递进性，按低、中、高学段设置具体目标（详见表3-2）。

表3-2　合肥市黄山路小学美术学科课程年段目标

领域 学段	汇表现	汇设计	汇鉴赏	汇探索
一、二 年级	通过一系列纸造型游戏活动，充分发挥儿童创造力，尝试用彩纸、废旧报纸等媒材，通过看看、画画、做做等方法大胆、自由地表现生活中的纸造型艺术，体验造型活动的乐趣。"指尖面塑"，非物质文化传承人进入校园，儿童学习面塑技巧和手法，用面或彩泥等特殊材料进行创作。学习民间面塑知识，将环保知识和非遗艺术相结合，体验非遗文化的传承发展之路。	"趣味折纸"，留心观察身边的物品，初步了解形状与用途的关系。尝试用简单的形状折出植物、动物等图案，并进行简单组合和装饰美化，体验动手设计和制作活动的乐趣。"创意碟变"，用纸碟进行创意设计，同学们可以分工合作，团结协作。用身边容易找到的纸碟或塑料碟，设计制作创意环保活动，展示团队风采，激发变废为宝的环保兴趣。	"大师零距离"，通过学校与社区搭建的活动，让儿童与民间艺术家一起学习互动，并试着用简短的语言大胆表达自己的看法和感受。"我学大师画"，欣赏泥人张等优秀手工作品，留意美术作品的形、色与质感，能用口头或书面语言对欣赏对象进行描述，表达自己的真情实感。	根据所学的折纸手法尝试创作艺术作品，进行展示游戏或实物表演。以与语文、音乐、科学等学科内容相结合的方式，创设情境制作纸艺，共同美化教室。"童画艺树"，设计布置学校西校区走廊，展示儿童创意作品展览，以与语文、音乐、道德与法治等学科内容相结合的方式，进行无主题或有主题的想象、创作和展示。
三、四 年级	"绘艺佳节"，让儿童了解和感受中国传统节日风俗习惯，初步认识线条、形状、色彩与肌理等基本知识，体验不同媒材的作画效果，营造节日气氛，激发丰富的想象力，唤起创造的兴趣。打造学校国防特色课程，"迷彩寻趣"，进一步认识线条、形状、色彩等造型元素，来表现军营军人风采，手绘和平主题，感受和平	"七彩葫芦"，尝试绘画、色彩、拼贴等方法表现葫芦图案，设计制作有趣、有特色的葫芦造型，进行创意组合葫芦小艺术品，联系生活，体会葫芦的美好寓意。"国防战歌"；学习对比与和谐、对称与均衡等形式原理，用手绘草图或立体制作的方法表达对军人的赞美，感受国防与生活的紧密联系，让国防教育寓教于乐。并	走进合肥当地的相关艺术馆、博物馆等场所，面对面欣赏适合儿童发展认知水平的中外美术大师艺术作品，汲取营养，感受艺术的魅力。"红色大课堂"，通过参观院史馆、营区建设、军事训练、队列训练、整理内务、国防教育等一系列活动，培养儿童严守纪律、果敢坚强、言行规范的军人作风。	"美好Party"，通过各种各样展览形式，充分展示儿童创意作品，培养儿童热爱生活的情感，走进生活中的传统节日，尝试运用美术形式来表达心目中的传统佳节。"军营初体验"，走进陆军炮兵防空兵学院，和解放军哥哥亲密接触，体验部队生活，感受军营文化，接受国防教育，身临其境地获得国防知识。培养儿童的

领域 / 学段	汇表现	汇设计	汇鉴赏	汇探索
三、四年级	带来的幸福。学习用创造性的笔墨语言，展现拳拳赤子心、殷殷爱国情，表达缅怀先烈的爱国情怀和珍爱和平的美好向往。	针对不同年级儿童的特点、各科学习内容，有计划地渗透国防知识与技能。		爱国之心、报国之情、强国之志和家国思想。
五、六年级	"图说安全"，能用十二种以上色彩，大胆自由地表达对安全内涵的感受和理解。恰当表现远景、近景、中景空间关系和色彩关系。运用自己喜欢的表现方法创作安全标识作品，装饰校园环境。"魅力剪纸"，学习剪纸知识，并尝试创作小型剪纸作品，发展儿童创新思维与创作动手能力。"笔墨丹青"，感受和体验诗书画印艺术的美好，追求人文情怀。	从形态与功能的关系，认识标识设计，运用对比与和谐、对称与均衡、节奏与韵律等形式原理，设计和制作标识，从小事做起，从身边做起，融入生活中的点点滴滴，树立儿童校园主人翁意识。"玩转脸谱"，进一步了解脸谱文化，学习设计服务于生活，用色调等基础知识设计脸谱图案，展现艺术特色。	"大手拉小手"，结合学校架构的"美好教育"品牌，逐步渗透各个方面，家校合力，架起学校与家庭沟通的桥梁，共同培养儿童安全意识，守护儿童安全。"美好少年说"，认识美术表现形式的多样性，感受艺术作品内容的情感美，并把感悟用绘画和文字的方式表现出来，丰富自己的艺术修养。	"主题墙绘展"，结合其他学科的知识、技能以及学校和社区的活动，用多种美术媒材进行策划、创作与展示，体会安全与生活环境关系。"汇艺嘉年华"，通过艺术节等方式，充分展示分享儿童优秀作品。"美好童心汇"，能够运用所学的美术知识，独立创作美术作品，充分感受艺术带来乐趣。

第三节

精彩纷呈，汇聚五彩斑斓的艺术课堂

学校基于核心素养对儿童不同维度的要求，结合"汇艺美术"的课程理念和学科目标，设置了"汇艺美术"系列美术课程。在开设课程时，一方面从儿童的年龄特点出发，另一方面基于教材内容，为培养儿童全面发展的能力，"循序渐进式"开设一到六年级课程体系。

一、"汇艺美术"课程结构

起伏之道，了然于心。容物成仁，汇聚美好。"汇艺美术"以儿童为本，提高儿童学习美术的潜能，并通过各学科有效融合的学习方式，帮助儿童发展美术知识和技能。从"汇表现""汇设计""汇鉴赏""汇探索"四大类别建构"汇艺美术"课程体系（详见图3-1）。

各版块课程内容如下：

"汇艺美术"课程按年级、分阶段共设计了"汇表现""汇设计""汇鉴赏""汇探索"四个领域24门课程。涵盖美术教育的四个领域，内容由浅入深、循序渐进。

（一）"汇表现"课程分为"纸间游戏""指尖面塑""绘艺佳节""我是小军迷""我绘安全""传统艺术"六个内容。"纸间游戏"具体包括撕动物、剪窗花。"指尖面塑"具体包括捏动物、做蛋糕。"绘艺佳节"具体包括绘传统佳节、绘现代节日。"我是小军迷"具体包括迷彩寻趣、手绘和平。"我绘安全"具体包括图说安全、安全生活。"传统艺术"具体包括魅力剪纸、玩转脸谱。

（二）"汇设计"课程分为"趣味折纸""创意碟变""七彩葫芦""我是小

图3-1 "汇艺美术"课程体系结构图

卫士""我要安全""国画经典"六个内容。"趣味折纸"具体包括折动物、折拼花。"创意碟变"具体包括单色碟画、彩色碟画。"七彩葫芦"具体包括葫芦作画、玩转葫芦。"我是小卫士"具体包括国防战歌、心系国防。"我要安全"具体包括巧用标识、多彩空间。"国画经典"具体包括笔墨丹青、诗情画意。

（三）"汇鉴赏"课程分为"大师零距离""我学大师画""走进艺术馆""我是小学士""我来说安全""我是小大师"六个内容方面。"大师零距离"具体包括齐白石、马蒂斯。"我学大师画"具体包括学齐白石画、学马蒂斯画。"走进艺术馆"具体包括走进省博馆、来到艺术村。"我是小学士"具体包括红色大课堂、向英雄致敬。"我来说安全"具体包括大手拉小手、安全大练兵。"我是小大师"具体包括大师走近我、大师嘉年华。

（四）"汇探索"课程分为"美好纸艺""童画艺树""美好Party""我是小战士""安全为我""美好艺术"六个内容。"美好纸艺"具体包括我动手我快乐、我生活我点缀。"童画艺树"具体包括童画树、童心绘。"美好Party"具体包括绘画Party、手工Party。"我是小战士"具体包括军营初体验、我是一个兵。"安全为我"具体包括主题墙绘展、安全在心中。"美好艺术"具体包括美好少年说、美好童心汇。

二、"汇艺美术"学科课程设置

依据《义务教育美术课程标准（2011年版）》，通过对课程的重新梳理，我们在原有基础上，围绕"汇艺美术"通过创设快乐、轻松、和谐的学习氛围，学科间有效融合，利用看、听、说、演、玩、画、做等教学手段对儿童进行美术教学，重视每一个儿童的兴趣、爱好与特长，将美术课程具体设置如下（详见表3-3）。

表3-3 "汇艺美术"学科课程设置表

领域\年级	汇表现		汇设计		汇鉴赏		汇探索	
一年级	纸间游戏	撕动物	趣味折纸	折动物	大师零距离	齐白石	美好纸艺	我动手我快乐
		剪窗花		折拼花		马蒂斯		我生活我点缀
二年级	指尖面塑	捏动物	创意碟变	单色碟画	我学大师画	学齐白石画	童画艺树	童画树
		做蛋糕		彩色碟画		学马蒂斯画		童心绘
三年级	绘艺佳节	绘传统佳节	七彩葫芦	葫芦作画	走进艺术馆	走进省博馆	美好Party	绘画Party
		绘现代节日		玩转葫芦		来到艺术村		手工Party
四年级	我是小军迷	迷彩寻趣	我是小卫士	国防战歌	我是小学士	红色大课堂	我是小战士	军营初体验
		手绘和平		心系国防		向英雄致敬		我是一个兵
五年级	我绘安全	图说安全	我要安全	巧用标识	我来说安全	大手拉小手	安全为我	主题墙绘展
		安全生活		多彩空间		安全大练兵		安全在心中
六年级	传统艺术	魅力剪纸	国画经典	笔墨丹青	我是小大师	大师走近我	美好艺术	美好少年说
		玩转脸谱		诗情画意		大师嘉年华		美好童心汇

第四节

循序渐进，乐享畅所欲言的趣味空间

《义务教育美术课程标准（2011年版）》指出："不仅依据美术作业评价学生美术学习的结果，而且通过考查学生在美术学习过程中的表现，评价其在美术学习能力、学习态度、情感和价值观等方面的发展，突出评价的整体性和综合性。"[①]

《义务教育美术课程标准（2011年版）》评价建议："美术课程评价应以学生在美术学习中的客观事实为基础，注重评价与教学的协调统一，尤其要加强形成性评价和自我评价。既要关注学生掌握美术知识、技能的情况，更要重视美术学习能力、学习态度、情感和价值观等方面的评价。"[②]

依据学科课程理念、课程目标、课程设置、课程标准，结合我们"汇艺美术"课程实际情况，创设彰显美术特色的趣味性、美观性、实用性、综合性、视觉性、愉悦性原则，从打造"汇艺军营大课堂"、拓展"汇艺课程"、创设"汇艺美术帮"、设立"汇艺美术Party"等方面进行组织与实施，并在尊重儿童个体发展和促进师生教学相长的基础上进行评价设计。

一、打造"汇艺军营大课堂"，推进学科课程实施

"汇艺军营大课堂"是在"让儿童与美好同行"的学科理念基础上，以儿童为主、教师为辅的多维空间结合的美术课堂；以军营情景体验带动儿童探

---

①② 中华人民共和国教育部.义务教育美术课程标准（2011年版）[S].北京：北京师范大学出版社，2012：1.

索学习的美术课堂，以实践操作答疑解惑的美术课堂。

（一）"汇艺军营大课堂"的内涵

"汇艺军营大课堂"重视艺术性与趣味性，并将二者融入教学中，在课堂中凸显儿童的个性发展。灵动、有趣的国防教学让每个儿童都能展示自己独到的见解，发展个性的思维，在交流中让思想冲撞思想，让想法启迪想法。儿童拥有欢喜心，对美术学习充满兴趣，课堂上静心地听，认真地想，从而在美术学习中体现自我，找到乐趣。

（二）"汇艺军营大课堂"的实施

1. 夯实教学常规，展现军营课堂风采。美术学科组按照教学常规制度，利用课堂展示军营风采，大家可以随堂听、集中评。课后，由组内听课教师依据"'汇艺军营大课堂'评价标准"进行量化评价，并就课堂出现的问题进行集中研讨、实时反馈。

2. 坚持多元评价，尊重儿童主体。儿童是教育教学的对象，更是学习的主体。因此，在军营大课堂教学中，组内教师力求能关注到不同层次的儿童，帮助每个儿童获得积极的学习体验。同时，从儿童角度了解教师教学中的不足，从细节入手，进而提升教学质量。

3. 深化校本教研，落实教学效果。学科教学工作立足美术教师专业发展，以课堂教学为主抓手，深入开展各类教研活动。以课程研究为切入点，对课堂教学中的难点或共性问题进行研讨。为了打造美好团队培养青年教师，我们成立了学科启明星工作坊，通过"传帮带"加快学科师资队伍建设。

（三）"汇艺军营大课堂"的评价标准

"汇艺军营大课堂"从军营体验、军人思维、课堂氛围、目标效果四个维度进行评价，力求达到多彩、灵动、艺趣、适宜的评价指标。"汇艺军营大课堂"评价量表（详见表3-4）。

表3-4　"汇艺军营大课堂"评价量表

评价类别	评价指标	评 价 标 准	评 价 结 果		
			🎖🎖🎖	🎖🎖	🎖
军营体验	多彩	1.教学设计具有创新性。 2.教学内容个性化、新颖有趣，充分考虑儿童的年龄特征。			

评价类别	评价指标	评 价 标 准	评 价 结 果		
			🕊🕊🕊	🕊🕊	🕊
军人思维	灵动	1. 课堂交流灵动。 2. 儿童思维开放，具有创新性。			
课堂氛围	艺趣	1. 课堂氛围和谐轻松。 2. 儿童乐于与老师"对话"。			
目标效果	适宜	1. 培养儿童具有探究精神和创新能力，审美与实践得到提高。 2. 儿童学会大胆地运用美术知识和技能进行创作，分享交流拓展延伸。			

二、拓展"汇艺课程"，丰富美术课程体系

拓展"汇艺课程"是引导儿童发展儿童理性，塑造儿童精神，形成健康的审美情趣。激发探索未知领域的欲望，体验探究的愉悦与成功感，是对国家课程中的内容延伸与补充：1. 引导儿童要"会想"；2. 鼓励儿童要"多说"；3. 教会儿童要"学做"；4. 启发儿童要"勤思"。

（一）"汇艺课程"的内涵

以多种手段设置趣味性教学情景，提高儿童的审美经验，增强儿童在观察、想象、表现等活动中的乐趣和实效性。"汇鉴赏"和"汇表现"是让儿童尝试独立思考并鼓励儿童在自主合作探究中得到创新性解决方案；"汇设计"和"汇探索"课程是让儿童体会各种趣味活动中相互协作的重要性，从而体验到创造美的满足感的同时，开发创造潜能并转化为创新成果。

（二）"汇艺课程"的实施

注重"汇艺美术"教学，体现美学对儿童发展的价值。

1. "汇表现"——体验式教学

"汇表现"的学习目的不是单纯地传授知识与技能，而是要了解儿童不同学段的发展特征与学习美术的实际情况，支持儿童勇敢参与美术实践。在学习过程中，老师的任务就是引导儿童主动探究和尝试不同的材质，探索不同表现方法；还要时刻关注学习美术的成果，让儿童能够在学习中得到能力的培养。

2."汇设计"——探索式教学

"汇设计"学习培养儿童物以致用理念，帮助儿童明确设计理念，提高动手能力。教学内容的选择应贴近儿童的生活实际，将学科知识与生动的课程知识相融合，关注生态环保，凸显实用性、美观性和趣味性，促使儿童保持浓厚的学习兴趣和创造欲望。

3."汇鉴赏"——激励式教学

"汇鉴赏"学习要注重儿童的参与度，激发儿童的自主意识，利用多种手段和多样的教学方式，促使儿童掌握美术欣赏方法，知道可以通过博物馆、网络、书籍等多种方式收集艺术作品，培养儿童的欣赏与评述能力；教师应以引导儿童关注美术与社会的联系，尝试在文化情境中理解美术作品，培养人文精神。

4."汇探索"——乐享式教学

"汇探索"教学以创设轻松愉悦的教学情境，关注儿童，引导儿童探究美术与其他学科融合、美术与社会生活相结合的表现方法，开展跨学科研究活动。教学中注重培养儿童的想象力、立体思维模式，确立儿童主体地位，启发儿童的创作思维，让他们回到大自然、感受大自然，让他们靠自己发现，自己体会美术带来的乐趣！

（三）"汇艺课程"的评价标准

基于发挥评价的正向作用的要求，我们从两个着眼点来思考"汇艺美术"的课堂评价。

1. 美术课堂，儿童为主体。快乐课堂的重要特征，就是培养儿童的兴趣与能力。在教师课堂活动的创设下，儿童能够享受主动学习的乐趣，并养成良好的绘画习惯，从而逐步发展自我、完善自我。

2. 美术课堂，老师重引导。儿童在老师的引导下积极学习美术知识，开阔思维，保持绘画艺术持续性的兴趣和求知欲，享受着交流分享的乐趣，让迷茫困惑的儿童充满期待，使聪明智慧的儿童超越自我。

三、创设"汇艺美术帮"，促使个人美术素养提升

"帮"即社团，是美术教育的一个重要组成部分，是课堂教学的补充和延续。社团是学校开展课外活动的一种形式，"汇艺美术"注重推动全校的美术

学习、美术活动和打好培养美术人才的基础，不仅丰富课程内容，提升儿童能力，在创造美的过程中发挥儿童的创造性，潜移默化地提高儿童整体艺术素养，还对向着美好奔跑的校园文化建设起到推动的作用。

（一）"汇艺美术帮"的内涵

"汇艺美术帮"让儿童在学习和活动中，激发兴趣和童心，感受中国传统文化的魅力。在活动中学习民间艺术，感受到指尖艺术的快乐，使儿童在乐中做、做中想、想中学、学中得，在潜移默化中提高大家的动手动脑能力。

（二）"汇艺美术帮"的实施

"汇艺美术帮"活动秉持"让儿童与美好同行"理念，定期组织开展艺术活动，充分发挥儿童各展其长、凸显优势的能力，让儿童在艺术的海洋里自由翱翔。儿童从中不仅学到美术的技巧，还能认识生活中的美好、创造生活中的美好，用美术的视角去观察生活，用愉悦的心态去体验生活，学会欣赏生活中的美，体会人生的特殊含义。

（三）"汇艺美术帮"的评价标准

"汇艺美术帮"的评价和反馈体系应建立在以核心素养为导向的基础上，采用多维的评价方式，力求为儿童提供丰富的学习体验。社团活动从积极性、参与度、创新能力和自主探究能力几方面进行评价。"汇艺美术帮"儿童活动评价量表如下（详见表3-5）。

表3-5 "汇艺美术帮"儿童活动评价量表

姓 名		班 级		指导教师	
活动主题					
参与表现	积极互动		自主探究		成果展示
自评	互评	自评	互评	自评	互评
教师评价（建议）					

（注：评价勾选一个为"合格"，勾选两个为"良好"，勾选三个为"优秀"。）

四、设立"汇艺美术Party"，展示儿童美术学习成果

"汇艺美术Party"是常规活动。中国传统节日文化是人类精神文化中必不可少的一部分，以节日文化为载体，根据中共中央办公厅、国务院印发《关于实施中华优秀传统文化传承发展工程的意见》，文件要求深入开展"我们的节日"主题活动，实施中国传统节日振兴工程，丰富春节、元宵、清明、端午、七夕、中秋、重阳等传统节日文化内涵，形成新的节日习俗。因此，中国传统佳节是"汇艺美术Party"主题活动的重要组成部分，是儿童自我展现和作品展示的艺术盛宴、一场高品质有内涵的儿童作品展、一场艺术与灵感碰撞的嘉年华，使每个儿童都能从艺术作品中汲取精华，感受艺术作品的延展。

（一）"汇艺美术Party"的内涵

以儿童的年龄特征设计实践活动，让儿童在参与中体验，丰富自己的知识，提高自己的能力，养成良好的品德。

（二）"汇艺美术Party"的实施

1. 开展多姿多彩的实践活动。在"汇艺美术Party"活动中，我们以儿童的年龄特征为基础，设计不同的要求，开展了"节日创意诗配画"比赛，让儿童了解各个节日的来历、风俗等知识；开展了"花灯闪光彩，纸盘庆团圆""多彩庆新春，我来写春联"等一系列的中国传统节日美术活动，弘扬中华传统文化。

2. 依据教材内容和节日安排，把节日元素渗透到生活中。创作中关注儿童的参与度，做到了五个结合：注重儿童的年龄特征、注重儿童的兴趣爱好、注重儿童的情感培养、注重各个不同节日的知识传授、将以上知识与美术课堂有机地结合。这些活动的开展充分调动了儿童们的积极性，使传统节日在美术学习中绽放魅力。

（三）"汇艺美术Party"的评价标准

关注儿童全面发展，结合"汇艺美术"学科课程，创设彰显美术特色的趣味性、美观性、实用性、综合性、视觉性、愉悦性原则进行评价，从而促进儿童得到更好的发展。"汇艺美术Party"评价量表（详见表3-6）。

表3-6 "汇艺美术Party"评价量表

内容	准 则		表 现		
			🦅🦅🦅	🦅🦅	🦅
活动策划	1. 具备实施的合理性。				
	2. 具备实施的可行性。				
	3. 操作过程是完整的。				
活动表现	组织者	1. 积极组织协调各方参与人员。			
		2. 及时处理突发状况。			
		3. 及时对参与人员进行评价。			
	参与者	1. 能够全程参与。			
		2. 参与过程中获得了新的认知。			
		3. 参与过程中获得了动手机会。			
活动影响	1. 更新了参与人员的美术观念。				
	2. 提高了参与人员的美术应用能力。				

综上所述，我们美术学科致力于打造特色学科团队，打造"汇艺军营大课堂"、拓展"汇艺课程"、创设"汇艺美术帮"、设立"汇艺美术Party"等丰富的美术学科活动，全面推进"汇艺美术"课程实施，让美术学习充满乐趣，让每一个儿童都能与美好同行！

（撰稿人：沈娟）

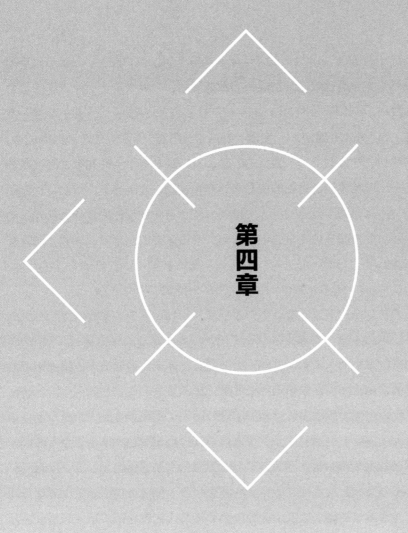

第四章

泛项目化课程的
策略与方法

"学生是有血有肉的人，教育的目的是激发和引导他们的自我发展之路。"①杜威眼中的教育无目的，教育即生长。泛项目化课程的规划与设计必须立足于儿童真正的需要，学校需要思考：泛项目化课程是什么样的教育？想要培养什么样的儿童？什么是泛项目化课程更行之有效的策略与方法？这些根本的问题不容遗忘。如果为了变革被裹挟着前进，失去思考的发展就超越不了过去，反而模糊了前路，陷入迷雾重重的现在。

① 怀特海.教育的目的［M］.庄莲平，王立中，译.上海：文汇出版社，2012：封面.

陶行知先生写于1924年的《半周岁的燕子矶国民学校——一个用钱少的活学校》一文，通过叙述丁超校长的教育理想，为世人展示了什么样的教育是好的教育，什么样的学校是好的学校的朴素思考与实践。①儿童的幸福一定是获得了令人瞩目的成就吗？名校、好工作、财富、地位并不是儿童的成功、教师的成功、学校的成功、教育的成功。看似被教育淘汰的儿童未必会被幸福抛弃，注重结果忽视过程的教育必然是短视的。立足当下，泛项目化课程的策略与方法必须用长远的目光去探索。泛项目化课程的设计坚持从儿童的实际出发，多方面考虑儿童的不同能力，尝试多变的艺术学习形式，增强探究性和趣味性，着眼于促进每一位儿童都能够获得不同程度的个性的发展，成长为具有独特个性的个体而非类似批量产出的模式化的群体。

泛项目化课程重视儿童独立自主地学习，通过学习积累有意义的学习实践经历，不断丰富自身经验，学会运用艺术视角感受科学世界与生活世界；不断地尝试不同的艺术表达方式，形成独立个性的表现能力；尝试搜集与课程相关的各种资源，利用构建科学世界与生活世界的联系及时地进行有效性整合，在积累知识的同时养成知识生成的能力；多维度思考，积极正面地将学习过程中遇到的问题具体化，逐渐形成独立解决问题的能力，用个性的审美观念持续地探究世界。泛项目化课程要求学校由发展历史进行钻研思考，重视学校发展的可持续性，用长远的眼光、广泛的维度思考教育。泛项目化课程在儿童已有经验的基础上重视培养儿童的创造性思维，提高儿童艺术认知和人文素养，增强艺术自信感，鼓励儿童利用艺术视角在泛项目化课程中大胆地表达内心感受。泛项目化课程的实施过程中要求师生实实在在地参与，教师结合儿童的生活情境深入探究，设计课程，让儿童真正实现在玩中学。教师与儿童共同关注学习的过程，及时进行多元多维评价，积极鼓励儿童进行创作表达，培养儿童的积极性、创造性，帮助儿童获得美好的学习体验。

教师自觉开发课程，不断地在教学中渗透给儿童探究性的学习方法，因势利导。合肥市蜀新苑小学的"朗润美术"课程致力于让儿童于无声中与美术碰撞出耀眼的火花，微笑地面对生活，润泽美好的心灵，开启一段五彩斑斓的人生旅途。课程一改以往单一的评价模式，坚持多元评价，尊重儿童主

---

① 万伟.课程的力量——学校课程规划、设计与实施［M］.上海：华东师范大学出版社.2017：53

体。在课程设置中有目的地训练儿童的观察力，创设真实情境让儿童观察，主动将生活与艺术相联系，践行美育，以课程为依托，建立充满活力的课堂，着眼创造明朗芬芳的校园生活，关注儿童美好情感在指尖的培养。

朗润美术：让美润泽儿童的心灵

合肥市蜀新苑小学美术组现有专兼职教师五人，其中市、区级骨干教师两名，组内教师年龄结构合理、教学经验丰富、能力突出，其中两名教师的录像课获"一师一优课、一课一名师"省级优课，两名教师获市级信息技术教学应用大练兵一等奖，组内教师辅导儿童作品多次在省、市、区级各类比赛中获奖。美术组全体教师在平时的教学工作中形成了"研思结合"的教研氛围，积极参加各级各类教研活动，不断提高业务能力和专业素养，为学校获得"合肥市特色学校""合肥市素质教育示范学校"等荣誉贡献了力量。我们致力于进一步提高儿童的核心素养，现依据教育部《关于全面深化课程改革，落实立德树人根本任务的意见》《义务教育美术课程标准（2011版）》等文件精神，制订美术学科课程建设方案。

第一节

美润童心，开启艺术世界的探索之旅

一、学科性质观和价值观

《义务教育美术课程标准（2011版）》指出，美术课程是学校进行美育的主要途径，是九年义务教育阶段全体学生必修的基础课程，在实施素质教育的过程中具有不可替代的作用，并且美术课程还强调愉悦性，对学生在美术学习中自由抒发情感，表达个性和创意，增强自信心，以养成健康人格。学科性质决定了美术学科必须是充满活力的、明朗芬芳的、润泽情感的。

因此，我校重视美术教育，创设充满活力的美术课堂，引导儿童主动参与美术学习活动，并将美术知识和技能运用于生活、工作和学习中，培养儿童形成健康的审美情趣，开拓儿童视野，激发儿童探索自然、探索科技、探索生活的欲望，让儿童的成长在美术课程中得到滋养。

二、学科课程理念

《义务教育美术课程标准（2011版）》指出，人的全面发展是人类努力追求的教育理想，美术课程不仅作为美育的一个重要门类促进这一理想的实现，而且在引导学生形成社会共同的价值观的同时，也努力保护和发展学生的个性，在实施素质教育的过程中具有不可替代的作用。我们认为在小学美术课程学习中，要让儿童在明朗、充满活力的美术课程中学习，提升儿童的审美情趣和美术素养。基于以上认识，我们提出了以"朗润美术"为核心的美术学科课程理念，具体阐述如下：

"朗润美术"注重建立充满活力的课堂。美术课堂是学校进行美育的主要途径，教学实践中，教师要立足儿童已有的经验基础，充分考虑儿童的兴趣。根据学习内容，为儿童提供文本、音像、视频等各种教学资源及生动有趣的课程形式，让儿童完全沉浸在美术课堂中；根据丰富多彩的活动设置，给儿童一个展现自己的舞台，培养儿童的审美意识和动手能力，让儿童在朗润课堂中真正感受美、理解美、创造美。

"朗润美术"着眼明朗芬芳的校园生活。校园是儿童学习美、感受美的重要阵地，我校在校园里构建明朗芬芳的美术主题活动室，一楼儿童风采墙，二楼绘本故事教室和手工作品展示教室，三楼绘本故事教室，四楼美术书法教室。校园里明朗靓丽，到处洋溢着艺术的芬芳。活动室内，每一个独具特色的儿童作品，都成了校园最美的风景。

"朗润美术"关注儿童美好情感的培养。美术教育无处不在，美术学习的过程也是沟通、传递的过程，寓教于情感娱乐之中，对儿童思想意识和情感有很大的影响。因此，"朗润美术"不只是美术知识的学习，更要在学习美术知识滋润下造就美的灵魂，陶冶高尚的情操，培养儿童积极向上和对美好未来向往的态度。

总之，"朗润美术"课程要求教师不仅要了解儿童兴趣、天性、需要，并且通过资源联动、有效互动、评价驱动激活课堂，还要引导儿童爱学、善学、创学、乐学，让儿童真正沉浸在"朗润"课程中，沉浸在美的教育中。

第二节

实践体验，亲历真实情境的感官享受

儿童课堂上尝试运用各种工具、材料，对丰富"朗润美术"课程起到至关重要的作用，让儿童在美术课堂中产生浓厚的兴趣；基本了解美术课的专业术语，学会表达自己对美术课的情感，让生活充满美丽；大胆地参与到美术课中，个人或集体合作的创新精神得以激发，美术创新能力得到发展，从而形成基本的美术素养。

一、学科课程总目标

"朗润美术"课程总目标按"知识与技能""过程与方法""情感、态度和价值观"三个维度设定。

学生以个人或集体合作的方式参与美术活动，激发创意，了解美术语言及其表达方式和方法；运用各种工具、媒材进行创作，表达情感与思想，美化环境与生活；学习美术欣赏和评述的方法，提高审美能力，了解美术对文化生活和社会发展的独特作用。学生在美术学习过程中，丰富视觉、触觉和审美经验，获得对美术学习的持久兴趣，形成基本的美术素养。

二、学科课程分目标

"朗润美术"课程分目标从"造型·表现""设计·应用""欣赏·评述"和"综合·探索"四个学习领域设定（详见表4-1）。

表4-1　合肥市蜀新苑小学美术学科课程分目标

版本 领域	国家教材目标	拓展教材目标
造型·表现	1. 观察、认识与理解线条、形状、色彩、空间、明暗、肌理等基本造型元素，运用对称、均衡、重复、节奏、对比、变化、统一等形式原理进行造型活动，增进想象力和创新意识。 2. 通过对各种美术媒材、技巧和制作过程的探索及实验，发展艺术感知能力和造型表现能力。 3. 体验造型活动的乐趣，敢于创新与表现，产生对美术学习的持久兴趣。	1. 通过看一看、画一画，让儿童学习基本造型元素，运用造型原理进行创意造型活动，增进想象力，体验活动乐趣。 2. 通过对纸上绘画、拓印、版画等绘画方式的认识、实践，发展艺术感知能力和造型表现能力及技法掌握。 3. 体验不同造型活动的乐趣，敢于创新、乐于表现，释放儿童内心情感。
设计·应用	1. 了解设计与工艺的知识、意义与价值以及"物以致用"的设计思想，知道设计与工艺的基本程序，学会设计创意与工艺制作的基本方法，逐步形成关注身边事物、善于发现问题和解决问题的智慧。 2. 感受各种材料的特性，根据意图选择媒材，合理使用工具和制作方法，进行初步的设计和制作活动，体验设计、制作的过程，发展创新意识和创造能力。 3. 养成勤于观察、敏于发现、严于计划、善于借鉴、精于制作的行为习惯和耐心细致、团结合作的工作态度，增强以设计和工艺改善环境与生活的愿望。	1. 学习拼贴、组合、装饰等制作方法，养成儿童发现问题、思考问题、解决问题的习惯。 2. 通过不同的设计方法，选择合适的材料，进行设计制作活动，体验设计过程中的乐趣，培养儿童动手制作能力、创新意识。 3. 通过设计制作，感受生活中的设计情感，培养儿童创造能力，激发儿童改善生活与环境的美好愿望。
欣赏·评述	1. 感受自然美，了解美术作品的题材、主题、形式、风格与流派，知道重要的美术家和美术作品，以及美术与生活、历史、文化的关系，初步形成审美判断能力。 2. 学会从多角度欣赏与认识美术作品，逐步提高视觉感受、理解与评述能力，初步掌握美术欣赏的基本方法，能够在文化情境中认识美术。 3. 提高对自然美、美术作品和美术现象的兴趣，形成健康的审美情趣，崇尚文明，珍视优秀的民族、民间美术与文化遗产，增强民族自豪感，养成尊重世界多元文化的态度。	1. 通过解说家角色第一视角了解艺术作品、艺术家的故事，感受不同艺术背后的魅力。 2. 通过了解、讲述、欣赏艺术作品背后的故事，增强儿童语言表达能力、培养儿童欣赏艺术美的基本方法。 3. 通过了解，培养儿童崇尚文明、珍视文化，感受艺术作品的情感美。

（续表）

领域＼版本	国家教材目标	拓展教材目标
综合·探索	1. 了解美术各学习领域的联系以及美术学科与其他学科的联系；逐步学会以议题为中心，将美术学科与其他学科融会贯通的方法，增强综合解决问题的能力。 2. 认识美术与自然、美术与生活、美术与文化、美术与科技之间的关系，进行探究性、综合性的美术活动，并以各种形式发表学习成果。 3. 开阔视野，拓展想象的空间，激发探索未知领域的欲望，体验探究的愉悦与成功感。	1. 创设主题展示，将美术与学习、生活相结合，进行大胆想象，创意表现。 2. 运用不同的美术主题来展示艺术与生活、艺术与科技的关系，用各种美术媒材来表现。 3. 体会美术与过去、现在、将来的关系，激发儿童科学创想的欲望，体验艺术带来的乐趣。

三、"朗润课程" 具体分目标

小学美术是儿童学习生活中必不可少的一门课程，小学美术的学习能够帮助儿童建立美学思维，提升他们对美的感知能力，从而综合提升自己的素质，我校朗润课程分别从"造型·表现""设计·应用""欣赏·评述""综合·探索"四个领域进行建构，分别为"知美""创美""鉴美""探美"四大类（详见表4-2）。

表4-2　合肥市蜀新苑小学"朗润课程"具体目标

领域＼学段	知 美	创 美	鉴 美	探 美
一、二年级	国家教材目标：鼓励儿童尝试不同工具，用各种媒材进行自由创作表达，体验朗润课堂造型活动的乐趣。 拓展教材目标：儿童通过"简笔画""创意涂鸦"课程中的看一看、画一画趣味活动自由表现，大胆	国家教材目标：引导儿童观察身边的用品，初步了解形状与用途的关系。并鼓励儿童尝试不同工具，用身边容易找到的各种媒材，进行简单组合和装饰，体验设计和制作活动的乐趣。 拓展教材目标："趣味拼贴""黏	国家教材目标：观赏自然景物和儿童感兴趣的美术作品，鼓励儿童用简短的语言大胆表达感受。 拓展教材目标："跟着玩具去旅行""跟着动画去旅行"，通过儿童感兴趣的内容来引导儿童大胆表达自己的情感。"植	国家教材目标：采用造型游戏的方式，或以造型游戏与语文、音乐等学科内容相结合的方式，进行无主题或有主题的想象、创作和展示。 拓展教材目标："小小美食家""换装游戏""盒子变变变"，

领域 / 学段	知 美	创 美	鉴 美	探 美
一、二年级	尝试。"刮蜡画""拓印真有趣"课程让儿童通过不同的绘画形式体验造型活动的乐趣。	土世界"等课程，培养儿童观察能力、动手能力；观察生活中的用品，初步了解形状与用途的关系，进行简单的组合，并在其中感受到设计和制作的乐趣。折纸装饰可利于培养儿童按步骤有顺序地认真做事的好习惯。简单的折纸装饰，培养儿童对色彩、形状等元素形成基本的装饰美。	物的一生""小小解说家"，引导儿童观察植物生长过程，用自己的言语来描述植物的生长过程，并用同样的方法去观察、描述生活中其他一切物体，大胆表达内心情感。	通过有趣的造型游戏，将美术与生活相结合，激发儿童创作欲望，在活动中感受制作乐趣，培养儿童节约粮食、爱护环境的意识，并将儿童作品进行展示。小小美术馆课程中儿童的每一件作品都在表达着儿童的创作想法与情感。
三、四年级	国家教材目标：学生初步认识线条、形状、色彩与肌理等造型元素，学习使用各种工具，体验不同媒材的效果，激发丰富的想象，唤起创造的欲望。 拓展教材目标："创意儿童画""数字油画"让儿童初步认识线条、形状、色彩与肌理等基本知识，激发儿童丰富的想象力和创作欲望。"水拓画"和"儿童版画"的课程设置，让儿童体验不同媒材的表现效果。进一步了解线条、色彩等造型元素的知识，并	国家教材目标：尝试从形状与用途的关系，用手绘草图或立体制作的方法表现设计构想，感受设计和工艺与其他美术活动的区别。 拓展教材目标："玩转综合材料""飞舞的线条"，了解生活物品基本用途，进行大胆想象，尝试运用绘画、拼贴等方法表现新造型新想法。"小小设计师""软陶真漂亮"，联系生活，让儿童有计划、有目的地进行物品设计，学习对比与和谐、	国家教材目标：欣赏符合学生认知水平的中外美术作品，鼓励学生用语言或文字等多种形式描述作品，表达感受与认识。 拓展教材目标："走进艺术馆""小小馆长"，走进当地相关艺术馆博物馆欣赏适合儿童认知发展水平的艺术作品，儿童通过角色扮演，讲述艺术作品，汲取营养，感受艺术魅力。	国家教材目标：采用造型游戏的方式，结合语文、音乐、品德与社会和科学等学科内容，进行美术创作与展示，并发表创作意图。 拓展教材目标："变垃圾为宝""砂纸画"，将美术与生活、美术与科学相结合，引导儿童关注生活，关注环境，培养儿童热爱生活的情感。场景设计，通过绘画、手工、编程等多种表现形式再现生活场景，将美术与其他学科相结合，明白艺术与生活的关系，并引导儿童用

泛项目化课程：艺术学科视角

学段＼领域	知　美	创　美	鉴　美	探　美
三、四年级	通过不同的绘画表现形式来表达心中的创作情感。	对称与均衡等形式原理。		文字语言发表创作意图。
五、六年级	国家教材目标：运用所学造型元素，以描绘和立体造型的方法，选择合适的工具、媒材，发展美术构思与创作的能力，表达思想与情感。 拓展教材目标："线描画"课程让儿童意识到线条有如此之多的变化与内涵，体验造型元素本身的美感，培养儿童耐心与创造力。"创意中国画"激发儿童利用创造型元素对传统文化的表现，陶冶儿童崇高的爱国情操。	国家教材目标：从形态与功能的关系，认识设计和工艺的造型、色彩、媒材，运用所学美术形式原理以及各种材料、制作方法，设计和装饰各种图形与物品，改善环境与生活，并与他人交流设计意图。 拓展教材目标："软陶真漂亮""标志设计"，让儿童在学习对比与和谐、对称与均衡、节奏与韵律等形式原理之后，运用各种材料，通过手绘草图的方法学习设计生活标志，培养儿童关注生活、思考问题的能力，将所学设计知识融入生活中。"纹样设计""电脑网页设计"，将传统文化与现代设计方法相结合，增强儿童对传统文化的了解，提升儿童审美，将设计与科技相结合，提高儿童设计意识，引导儿童改善环境与生活，在设计中与他人分享情感，交流设计意图。	国家教材目标：欣赏中外优秀美术作品，了解有代表性的美术家，学生通过描述、分析与讨论，用简单的美术术语对美术作品的内容与形式进行分析，表达对美术作品的感受与理解。 拓展教材目标："跟着绘画作品去畅游世界""跟着雕塑作品去畅游世界""跟着建筑作品去畅游世界"系列课程，让儿童欣赏中外优秀美术作品，与他人交流讨论，用简单的美术术语对美术作品的内容与形式进行分析，进而了解艺术家。通过艺术家的故事课程，感受与理解多元文化，尊重多元文化。	国家教材目标：结合其他学科的知识、技能以及学校和社区的活动，用多种美术媒材进行策划、创作与展示，体会美术与生活环境、美术与传统文化的关系。 拓展教材目标："科幻画""剪纸艺术""摄影"，根据一定的科学依据，激发儿童创意想象，用绘画语言表达对宇宙万物、未来人类生活、社会发展、科学技术的无限遐想。这与传统文化剪纸艺术中的美好寓意不谋而合，对生活的美好寄托，通过摄影记录生活中一切美好瞬间。让时间成为永恒，培养儿童热爱生活的情感。

第三节

与时俱进，勇攀层层递进的艺术阶梯

　　我校在开设"朗润美术"课程群时，一方面从儿童的年龄特点出发，另一方面基于教材内容出发，面向全体儿童，注重满足不同层次儿童的需求。

一、"朗润美术"学科课程结构

　　小学美术是儿童学习生活中必不可少的一门课程，小学美术的学习能够帮助儿童建立美学思维，提升他们对美的感知能力，从而综合提升自己的素质。"朗润美术"分别从"造型·表现""设计·应用""欣赏·评述""综合·探索"四个领域进行建构，具体划分为"知美""创美""鉴美""探美"四大类（详见图4-1）。

图4-1　合肥市蜀新苑小学"朗润美术"学科课程结构

二、"朗润美术"学科课程设置

通过对课程的具体梳理，我们在原有的基础上，对美术校本课程进行了再次系统、科学的开发。进行"阶梯状"课程教学，分三个学段共24门课，让儿童在玩中学、感受美的滋润（详见表4-3）。

表4-3　合肥市蜀新苑小学美术学科课程设置表

年级\领域		知　美	创　美	鉴　美	探　美
第一学段	一年级 上学期	简笔画	趣味拼贴	跟着玩具去旅行	小小美食家
	一年级 下学期	创意涂鸦	黏土世界	跟着动画去旅行	换装游戏
	二年级 上学期	刮纸画	折纸装饰	植物的一生	盒子变变变
	二年级 下学期	拓印真有趣	小小雕塑家	小小解说家	美术馆
第二学段	三年级 上学期	创意儿童画	玩转综合材料	生活与艺术	变垃圾为宝
	三年级 下学期	数字油画	飞舞的线条	小小艺术家	砂纸画
	四年级 上学期	水拓画	小小设计师	光色缤纷	场景绘画
	四年级 下学期	儿童版画	软陶真漂亮	色彩与感知	场景设计
第三学段	五年级 上学期	线描画	软陶真漂亮	跟着绘画作品去畅游世界	科幻画
	五年级 下学期	创意中国画	标志设计	跟着雕塑作品去畅游世界	科幻画
	六年级 上学期	创意中国画	纹样设计	跟着建筑作品去畅游世界	剪纸艺术
	六年级 下学期	卡通漫画	电脑网页设计	艺术家的故事	摄影

第四节

包罗万象，品味美轮美奂的艺术盛宴

为落实"朗润美术"的学科理念，加强儿童美术核心素养的培养，激发儿童的艺术灵性，结合学校自身特色，"朗润美术"学科主要从以下五方面入手：构建"朗润美术课堂"、拓展"朗润课程"、建设"朗润社团"、创设"朗润艺术周"、推行"朗润之旅"。

一、构建"朗润美术课堂"，提升美术教学质量

"朗润美术课堂"是美术教育个性化、校本化得以实践与实施的主要渠道，是儿童获取知识、掌握技能技巧的主阵地，是实行有效教育教学、培养儿童审美情趣的主战场。

（一）"朗润美术课堂"的内涵

"朗润美术课堂"是将艺术性和趣味性的内容融入课堂教学中，课堂教学方法丰富有趣，注重培养儿童良好的学习习惯，让儿童创作思维不断受到启发。

（二）"朗润美术课堂"的实际操作

1. 注重教学内容，提高教学实效。美术教研组按照教学常规制度，每学期按要求完成随堂教学观摩，之后进行集中学习讨论并提出相关问题。

2. 坚持多元评价，尊重儿童主体。在美术课堂中，教师密切关注到不同层次的儿童，并进行多元多维评价，积极鼓励儿童进行创作表达，培养儿童的积极性、创作性，帮助儿童获得美好的学习体验。

（三）"朗润美术课堂"的评价标准

表4-4　合肥市蜀新苑小学"朗润美术课堂"评价表

评价内容	评　价　标　准	评　价　等　级	
		☀	☀
课前准备	积极参加美术课，做到不缺课		
	相应的美术教材和美术工具准备齐全并整齐摆放在课桌上		
课中研学	参与状态：精神饱满，学习投入状态良好		
	思维状态：善于思考，思维活跃，想象力丰富，勇于提出个人创新想法		
	合作状态：同伴协作，高品质地完成小组分配的任务		
	展示状态：大胆自信，语言表达清晰，作品紧扣本课重难点		
学习效果	知识掌握：运用美术基本知识、本课重难点完成本课教学目标		
	创新思维：运用美术知识完成美术作品，展示创意		
	方法运用：学会运用所学美术知识分析美术作品，养成良好的学习习惯		
	情感发展：学习过程愉悦快乐，思想情感积极向上，热爱美术，热爱学习，热爱生活，热爱文化		

二、拓展"朗润课程"，丰富美术课程体系

（一）"朗润课程"的内涵

发掘适合"朗润课堂"的教学内容，形式多样，让儿童对美术学习充满兴趣，找到乐趣。

（二）"朗润课程"的实际操作

1. 知美

本课程是引导儿童观察、认识与理解美术基本造型元素，运用基本美术原理进行造型活动，增强想象力和创新意识。鼓励儿童通过对各种美术媒材、技巧和制作过程的探索及实验，发展艺术感知能力和造型表现能力。体验造型活动的乐趣，敢于创新与表现，产生对美术学习的持久兴趣。

2. 创美

本课程是引导儿童了解设计与工艺的知识、意义与价值以及"物以致

用"的设计理念，知道设计的基本方法，逐步培育关注身边事物，善于发现问题和解决问题的智慧。在体验设计、制作的过程，发展创新意识和创造能力。养成勤于观察、敏于发现、严于计划、善于借鉴、精于制作的行为习惯和耐心细致、团结合作的学习态度，产生以设计和工艺改善环境与生活的愿望。

3. 鉴美

本课程引导儿童感受自然美，了解美术作品的题材、主题、形式、风格与流派，知道重要的美术家和美术作品，以及美术与生活、历史、文化的关系，初步形成审美判断能力。学会从多角度欣赏与认识美术作品，逐步提高视觉感受、理解与评述能力，初步掌握美术欣赏的基本方法，能够在文化情境中认识美术。提高儿童对自然美、美术现象和作品的兴趣，形成健康的审美情趣。崇尚文明，珍视优秀的民族、民间美术与文化遗产，增强民族自豪感，养成尊重世界多元文化的态度。

4. 探美

本课程引导儿童了解美术各学习领域的联系，以及美术学科与其他学科的联系，逐步学会以议题为中心、将美术学科与其他学科融会贯通的方法，增强解决问题的能力。认识美术与自然、美术与生活、美术与文化、美术与科技之间的关系，进行探究性、综合性的美术活动，并以各种形式发表学习成果。开阔儿童视野，拓展想象的空间，激发他们探索未知领域的欲望，体验探究的愉悦与成功感。

（三）"朗润课程"的评价标准

"朗润课程"注重培养儿童的学习技能，同时在教学的过程中注重儿童的感受。评价标准如下（详见表4-5）。

表4-5　合肥市蜀新苑小学"朗润课程"评价表

评价领域	评 价 标 准	评 价 等 级	
		😄	🙂
造型·表现	对美术感兴趣，体验美术课堂中的乐趣		
	通过绘画的形式，表现自己的感受，具有创新意识		
	运用各种美术媒材、技巧，制作美术作品		

（续表）

评价领域	评 价 标 准	评 价 等 级	
		😄	🙂
设计·应用	对学习活动感兴趣		
	在作业中表现大胆的想象和创新，关注生活，善于发现问题、解决问题		
	安全使用美术工具，养成良好的行为习惯和学习态度		
欣赏·评述	对自然或美术作品感兴趣		
	用简单的文字语言表达自己对自然和美术作品的感受		
	热爱学习，热爱生活，热爱民族文化，尊重多元文化		
综合·探索	结合语数外等学科内容大胆地创造想象		
	在活动中与同学团结合作，具有良好的行为习惯		
	充分发挥想象力，激发对未知领域探知的欲望		

三、建设"朗润社团"，培养儿童美术学习兴趣

社团是儿童自发组织的群众性儿童活动，为实现共同意愿或满足个人兴趣的重要场所。社团活动能丰富课程内容，提升儿童能力。

（一）"朗润社团"的内涵

"朗润社团"中儿童通过学习和活动，关注自己的内心和感受，培养儿童积极向上的人生态度。儿童在活动中不仅学到美术技巧，还能认识生活和评价生活，用艺术的眼光去观察生活、体验生活、欣赏生活中和美有关的一切事物。

（二）"朗润社团"的实际操作

为了丰富学校课程，我们设置了"趣味彩绘"创意儿童画、"3D打印"、"灵动线条"线描画、"百变折纸""水墨艺术"国画五个门类的社团。

社团以儿童自我管理和教师辅导的形式开展，注重培养儿童的自主学习能力。教师在教学中为儿童营造一种宽松、和谐的学习环境，以便儿童通过自主学习，发展创造性思维，真正使儿童愿学、爱学。教师在教学中运用丰富的教学手段，创设情境，激发儿童的学习兴趣，做好点拨指导，放手让儿童成为学习的主人；运用激励性评价，促进儿童自主学习。

（三）"朗润社团"的评价标准

采用多维的评价方式，各社团从积极性、表现能力、作品呈现等几个方面进行评价。评价表如下（详见表4-6）。

表4-6　合肥市蜀新苑小学"朗润社团"儿童活动评价表

科目：_____　　教师：_____　　地点：_____
学生人数：_____人

序号	班级	姓名	月日		月日		月日		月日		月日		月日		…	
			考勤	表现	考勤	表现	考勤	表现	考勤	表现	考勤	表现	考勤	表现		
1																
2																
3																
4																
5																
6																
7																
……																

学生课堂考勤记录：出勤√　　　病假△　　　事假×　　　旷课○
课堂表现采取等级评价：A级　　　B级　　　C级

四、创设"朗润艺术周"，增强校园美术课程氛围

创设一系列的绘画作品展、手工作品展、现场绘画比赛等，利用多种活动形式来实现从课内到课外的延伸。

（一）"朗润艺术周"的内涵

"朗润艺术周"是我校每年在春季与秋季定期举行的儿童艺术作品展示活动，为儿童的美术成果展示搭建平台。通过不同的活动形式，提升儿童艺术素养，学习传统文化知识，增强民族文化自信。

（二）"朗润艺术周"的实际操作

"朗润艺术周"活动主题分别有"小小灯笼迎新春""绘制小纸鸢""喜迎六一儿童节绘画活动""这个端午与'粽'不同""彩绘中秋""冬至暖心手工展"，活动时间贯穿整个学年。活动主题依据传统节日与儿童节日确定，并立

足儿童生活，科学地拓展美术课程内容。儿童在展示美术作品、手工制作的过程中学习中国传统文化，在团体活动中加强团结合作精神，在活动中感受文化、展示自信。

（三）"朗润艺术周"的评价标准

艺术周评价以激励性评价为主，通过恰当的评价给不同层次的儿童以充分的肯定、激励和赞扬，使儿童在心理上获得自信和成功的体验，让更多的儿童通过艺术周的活动感受到作品的美、学习的乐趣。具体评价详见表4-7。

表4-7 合肥市蜀新苑小学"朗润美术艺术周"作品评价表

评价内容 评价形式	表 情 评 价	
	😄 非常喜欢	🙂 喜欢
作 品		

五、推行"朗润之旅"，整合研学旅游

读万卷书，行万里路，对于美术的学习也是如此。儿童作品多数来源于生活，并经过加工提炼，成为更好的作品。户外美术教学是小学美术教育中的一个重要组成部分。在此过程中，培养儿童用自己的眼睛和心灵去认识世界、感受生活、热爱生命。

（一）"朗润之旅"的内涵

"朗润之旅"研学旅游更好地拓宽了儿童的视野，培养了儿童的审美与创造力，同时在研学活动的过程中也培养了儿童的独立意识和团队合作精神。

（二）"朗润之旅"的实际操作

通过研学游活动，带领儿童参观市内纪念馆、生态公园等地点，让儿童在"玩中学、学中玩"，让儿童在实践中体验生活中的美，激发他们爱美术、爱生活、爱家乡、爱祖国的情感。

（三）"朗润之旅"的评价标准

"朗润之旅"作品评价标准从情感、文字魅力、绘画技法三方面进行评价。评价表如下（详见表4-8）。

表4-8 "朗润之旅"评价表

××之旅			
时间		地点	
姓名		班级	
（作品粘贴处）			
创作感悟			
评价语			

（撰稿人：汪姝俊　郭洁）

第五章

泛项目化课程的实施与推进

课程实施程度是衡量课程实施品质的重要指标，探究教师如何落实课程、如何将课程方案的新观念转化为实践以及相应的课程实施程度。[1]泛项目化课程的观念更多的是对儿童的"创造力""兴趣点""实践力"的关注。在实施的指标上，要以国家教育政策为总纲，以"系统科学"为指引，更加关注课程的丰富性、选择性；关注学习的探究性、实践性；关注过程的互动性、有效性。课程实施的重点是教学，因此，在泛项目化课程的实施和推进中力求教学形式的多样与创新。

---

[1] 洪松舟.近20年中小学课程建设质量评估研究：回顾与启示 [J] .教育导刊，2020（1）：46.

泛项目化课程采用交往式的教学。传统的课程在内容上是相对独立的，而泛项目化课程主张打破原有知识结构，依据课程总目标和分段目标，通过融合、增补、重组的方式对课程的内容进行整合拓展。横向上，以一个个项目的形式呈现，让儿童自主探索学习，合作共享活动心得与成果；纵向上，课程注重层次划分，增加课程的梯度。例如，合肥市小庙中心学校开展的美术学科课程"馨雅美术"，横向上有"开心童画""泥塑世界""民间娃娃"等项目的呈现，带领儿童走进一个个集趣味、问题、实践于一体的项目，给儿童更多的空间表现，从而获得新知。纵向上，"馨雅美术"在同一领域中，注重梯度的变化，比如，"馨雅造型"领域，从一年级的"开心童话"到二年级的"色彩之旅"的课程内容可以看出项目在不断地深化。"开心童话"主要是黑白线描、彩笔线描等线描画技法学习，是造型领域中较初级的表现形式。"色彩之旅"是让儿童对色彩有更深一层次的认识，对待色彩不再是简单地随意涂鸦。较一年级的"开心童话"，有了明显的深化。

泛项目化课程采用开放的活动体验式教学。随着新修订的课程标准的颁布与实施，学科的育人价值越来越被人们所重视，尤其是对儿童综合实践能力的要求在进一步提高。宋朝诗人陆游在《冬夜读书示子聿》里说"纸上得来终觉浅，绝知此事要躬行"，以实践能力为基础的课程设置风起云涌。活动体验式教学正是满足了此需求，即根据儿童的认知特点和规律，通过创造情境、呈现或再现教学内容，使儿童在亲历的过程中理解并建构知识、发展能力、产生情感的教学观和教学形式。

因此，在泛项目化课程实施中，还将研学游、摄影等多种教学形式相结合。合肥市小庙中心学校开展的美术学科课程"馨雅美术"有以儿童直接经验为主的"馨雅实践"，课程主要通过研学旅行来实施，定期组织儿童到室外进行采风、写生研学、制作研学日记画、举办摄影等。如枣林幸福农场樱桃园、将军岭小岭南农庄、小蜀山蜀景蓝莓基地等，打破"教室即课堂"的局限。这些丰富的教学形式让儿童通过多样化渠道多方面地吸收知识，补充课本内容的不足，能够提高儿童实践水平，唤醒儿童的学习热情，还可以使儿童积极融入情境中，自觉地参与实践活动。

泛项目化课程采用灵活的激趣式教学。激趣式可以激发儿童学习主动性，营造良好的学习环境，提高其学习效率的同时还能够使教学效果有力提升。

泛项目化课程立足儿童视角，注重激发儿童的趣味，巧设环节，营造主动的学习氛围。如校园绘画比赛、音乐节、美术Party等。合肥市小庙中心学校开展的美术学科课程"馨雅美术"在实施中就有所体现。课程既有弘扬传统文化的"馨雅节日"，主要是通过绘画展览、饰品设计、节日游戏等儿童喜闻乐见的形式，挖掘传统节日的文化内涵，使儿童真正感受到节日的氛围及节日中所蕴含的独特的民族情感。还有展现儿童风采的"馨雅赛事"，如"古诗配画"比赛，根据参赛儿童的年龄特点，选取合适的小学生必背古诗，让儿童以自己的视角，在规定的时间内为所选古诗配上赏心悦目的画，画中有诗，诗中有画，激发了审美情趣，提高了创新意识。

泛项目化课程采用独特的个性化教学。小学阶段的儿童正是心理和身体快速发育的阶段，个体个性正是在这个过程中得到培养。泛项目化课程秉持"让兴趣引领每一个儿童前行"的理念，因此，在此阶段的美术、音乐教学要更加注重儿童的个性化发展。这就要求教师们在泛项目化课程设置的过程中增加更多个性化的内容，用来为儿童的个性成长提供良好的土壤和条件。合肥市小庙中心学校开展的美术学科课程"馨雅美术"中有以发展特长为抓手的"馨雅社团"，如"荷园美术社团"就是针对喜爱传统文化的儿童开展的，通过绘画的方式让儿童欣赏探究荷花的形态美、意蕴美。

诗意的栖居、雅致的生活是我们的向往；温和的谈吐、馨香的气质是我们的追求。美术课程的视觉性、实践性、人文性、愉悦性都说明学校和教师理应通过开放的教学理念和模式让儿童的眼睛更加明亮，小手更加灵巧，大脑更能想象，生活更加美好。要让他们在学习过程中乐于和老师、同学合作，敢于发表自己的意见并能提出有创意的想法，能利用创意美化生活，从而热爱生活。让我们践行"温馨雅致"的教育理念，让孩子的童年生活五彩斑斓，为将来的幸福人生奠基。

馨雅美术：让童年如花绽放

合肥市小庙中心学校美术教研组，现有教师四人，其中小学一级教师两人，合肥市美术骨干教师一人。每位教师都有各自擅长的领域，也都形成了自己独特的教学风格。每年组织儿童参加各级各类比赛都取得了很好的成绩。

市级课题《在小学美术教学中渗透德育的实践研究》已顺利结题。学校少年宫的美术社团也深受儿童们的喜爱。教师们先后编撰了《悠悠荷园　香远益清》《漫步传统美术》《图文结合　继承传统》等社团活动教材。我们抱持"为每一个学生发展而努力"的情怀，力求让儿童在美术学习中，知审美、乐表达、悦创造、爱生活。现依据教育部《关于全面深化课程改革，落实立德树人根本任务的意见》《义务教育美术课程标准（2011年版）》等文件精神，制定我校美术学科课程群建设方案。

第一节

清新静美，培养温馨雅致的艺术品质

一、学科性质观与价值观

《义务教育美术课程标准（2011年版）》中指出："美术课程是以社会主义核心价值体系为导向，弘扬优秀的中华文化，力求体现素质教育的要求，注重美术课程与儿童生活经验紧密关联，使儿童在积极的情感体验中发展观察能力、想象能力和创造能力，提高审美品位和审美能力，增强对自然和人类社会的热爱及责任感，形成创造美好生活的愿望与能力。美术课程应该在我国基础教育课程体系中发挥更积极的作用，为国家培养具有人文精神、创新能力、审美品位和美术素养的现代公民。"

以上学科性质决定了美术学科应该传递一种温馨雅致的精神，充盈着高尚、儒雅与随和的元素，能让学生的观察思考能力、动手操作能力得到提高；形成积极乐观的生活态度，对自然和人类社会充满着热爱及责任感；在和老师、同学的相处中能够谦逊有礼，感受到童年生活的幸福美好，并树立远大抱负，最终成为祖国的合格公民。

基于以上认识，我们结合学校实际，以多彩的课程为抓手，让美术学科的技能技巧融入温馨和美的教学情境中，让学生学会审美，悦于合作，乐于创造，热爱生活。

二、学科课程理念

《义务教育美术课程标准（2011年版）》中明确指出美术学科课程的基本理念是：面向全体学生；激发学生学习兴趣；关注文化与生活；注重创新精

神；为促进学生发展而进行评价。在此基础上，我们提炼出我校美术课程群的课程理念是：馨雅美术。"馨"即"温馨，温和"。"雅"即"雅致、儒雅"。我们期望通过美术课程培养儿童温馨雅致的审美素质，促进每一个儿童身心全面发展，进而让他们的童年五彩斑斓，如花绽放。"馨雅美术"课程理念具体阐述如下：

"馨雅美术"让儿童的眼睛更加明亮。美术是一种视觉艺术。美术课程在实施过程中一定要凸显视觉性。所以我们的"馨雅美术"课程拥有大量的视觉欣赏元素。我们通过带领儿童感受自然美，欣赏美术作品，学习美术作品背后的故事以及美术与生活的关系，培养儿童的观察力。让儿童逐步拥有一双发现美的眼睛，学会欣赏美、创造美，形成健康的、温馨雅致的审美情趣和审美素养，为终身学习奠定基础。

"馨雅美术"让儿童的小手更加灵巧。美术是与生活联系紧密的一门艺术，所以实施过程中一定要增强儿童的实践体验，强调激发儿童学习兴趣，让儿童在美术学习中积累触觉经验，发展感知能力，拥有一双灵巧的小手。我们积极开发了众多的设计应用、造型表现领域的课程。剪纸、产品设计等课程让儿童了解设计与工艺的历史与文化，学会设计创意与工艺制作的基本方法，逐步形成善于发现问题和解决问题的能力。

"馨雅美术"让儿童的大脑更能想象。现代社会是个智能的社会，国家对创新型人才有很大需求。因此，我校美术课程特别重视对儿童个性与创新意识的培养，采取多种方法，帮助儿童学会运用美术的方法，将创意转化为具体成果。通过综合学习和探究学习，引导儿童认识世界的多样性，并能够找到不同知识之间的关联，创造性地解决问题，初步形成创新思维和审美判断能力。

"馨雅美术"让儿童的生活更加美好。美术课程关注文化与生活，追求人文性，强调愉悦性。通过美术课程，需要让儿童了解人类文化的丰富性，在广泛的文化情境中认识美术的特征、关注生活中的美术现象，培养人文精神。我校美术课程注重紧密联系生活实际，让儿童在美术学习中自由抒发情感，表达个性和创意，用创意美化生活。

总之，"馨雅美术"课程的核心价值是："温馨童年，优雅绽放"。我们力求让美的元素如花般充盈着儿童的生活世界，培养儿童善于发现生活中的美好事物的能力，学会用欣赏的眼光去看待生活，并且能够用自己的智慧和能力创造出更加美好的生活。

第二节

磨炼意志，创造多维内涵的美好生活

《义务教育美术课程标准（2011年版）》中强调，美术课程具有人文性质，九年义务教育阶段美术课程的价值主要体现在：陶冶学生的情操，提高审美能力；引导学生参与文化的传承和交流；发展学生的感知能力和形象思维能力；形成学生的创新精神和技术意识，促进学生的个性形成和全面发展……基于这些方面的要求，我校"馨雅美术"课程从培养儿童温馨雅致的气质入手，使美育渗透到学习的全过程，并制定我校"馨雅美术"课程目标。

一、学科课程总体目标

《义务教育美术课程标准（2011年版）》中规定美术课程总目标为：引导学生以个人或集体合作的方式参与美术活动，激发创意，了解美术语言及其表达方式和方法；运用各种工具、媒材进行创作，表达情感与思想，改善环境与生活；学习美术欣赏评述的方法，提高审美能力，了解美术对文化生活和社会发展的独特作用。学生在美术学习过程中，丰富视觉、触觉和审美经验，获得对美术学习的持久兴趣，形成基本的美术素养。

为了实现这一总目标要求，凸显美术学科"视觉性、实践性、人文性、愉悦性"的特点，培养儿童的"创新精神、实践能力、审美素质、积极心理"，我校提出馨雅美术学科课程总目标为：以传统文化为载体，认识多种美术语言和各种媒材，学习基本的美术技能；通过多种形式的学习培养儿童良好的学习习惯和兴趣，启蒙雅美意识，塑造儒雅言行，培养馨雅情愫，提升温馨雅致的审美素养；在学习过程中磨炼意志，乐于和老师、同学合作，敢于发表自己的意见并能提出有创意的想法，能利用创意美化生活。

二、学科课程分目标

《义务教育美术课程标准（2011年版）》中美术课程分目标从"造型·表现""设计·应用""欣赏·评述"和"综合·探索"四个学习领域设定。每个领域都强调不仅要关注学生的学习结果，还要关注其学习过程以及兴趣、情感的培养。

依据课标中的要求制定我校美术课程分目标，并从"馨雅造型""馨雅赏评""馨雅设计"和"馨雅探究"四个学习领域设定具体要求。

（一）"馨雅造型"知审美

1. 尝试不同绘画工具及材料，体验美术活动的乐趣。学会认识基础的色彩知识，学习点线面为基础造型的作画能力。学会用美术的形式表达思想与情感。

2. 学习中国传统剪纸艺术、文字艺术、泥塑艺术的表现技法，感受中国传统文化的魅力，形成温馨儒雅的气质，增强民族自豪感。

3. 学习现代美术形式，培养儿童用创造性、发散性思维，以趣味的艺术形式，表现具有独立审美意识的客观物象，形成基本的美术素养。

（二）"馨雅赏评"乐表达

1. 欣赏祖国各地山河景观以及家乡生态景点，能进行研究性学习体验，初步形成审美判断能力；并运用美术语言愉快地表达，提出独特的见解；立志学习，报效祖国，建设家乡。

2. 欣赏了解中外优秀美术作品以及传统民间美术作品。能用简单的美术术语对美术作品的内容与形式进行分析，创造性地表达对美术作品的感受与理解，形成尊重世界多元文化的态度。

3. 营造和谐美好的学习氛围，欣赏传统国画、书法艺术，能够表达自己的感受。学习基本的国画、书法技法，感受传统文化艺术魅力。在传统的基础上学会创新，并利用到生活装饰中。

（三）"馨雅设计"悦创造

1. 丰富儿童生活经验，提高儿童的绘画能力，增强美术兴趣，培养儿童对生活的观察能力，形成初步的设计意识以及创新意识。

2. 学习设计与工艺的基础知识。感受黏土、剪纸、石头等材料的特性，根据意图选择媒材，合理使用工具和制作方法，进行初步的设计和制作活动，并能大胆想象，敢于创新，体验设计、制作过程的快乐。

3. 在学习活动中，有意识地培养儿童温馨儒雅的气质和持之以恒的学习精神，在和老师、同学的交流中学会合作，增强美术技能，养成良好的行为习惯。

（四）"馨雅探究"爱生活

1. 学会运用综合能力进行美术创作与展示。能够进行跨学科学习，在探究中创新，在创新中体会美术与生活的联系。

2. 通过观察、参观等活动，熟悉校园和家乡的历史与发展；绘制家乡和校园美景图画；结合各科知识，为学校设计规划蓝图或制作模型作为毕业礼物送给母校；为家乡制作游览路线图和宣传小报，增强热爱家乡的情感。

3. 探究中国绘画与诗歌以及书法的联系，培养儿童对中国古文化的热爱。在学习与创作中培养儿童对美的感受力，体验探究的愉悦与成功感，增强对生活的热爱之情。

三、学科课程学段目标

现依据《义务教育美术课程标准（2011年版）》中各年段的学习目标以及教材、教参和儿童实际要求，我们为各学段的课程确定了实施的方向，进一步细化课程目标，把握不同学段、不同目标维度之间的内在关联，确定"馨雅美术"学段课程目标：一、二年级的目标主要是注重培养学习习惯和兴趣，启蒙雅美意识；三、四年级的目标依旧要培养学习习惯和兴趣，重在塑造儒雅言行；五、六年级的目标则是强化学习习惯，稳定学习兴趣，磨炼意志，培养馨雅情愫（具体细则见表5-1）。

表5-1　合肥市小庙中心学校馨雅美术课程学段目标

年级	领域	国家课程目标	拓展课程目标
一、二年级	馨雅造型	1. 尝试不同工具，体验美术活动的乐趣。 2. 用各种材料以及美术的方法大胆、自由地表现所见所闻、所感所想。	1. 学习以线造型的作画能力，掌握线描画的基础技法，提高儿童绘画表现能力。在游戏中培养儿童的学习兴趣和审美趣味。 2. 能够辨别基础的色彩名称，认识三原色和三间色及其色彩特性。掌握原色与间色的色彩关系；学会用原色调和间色的技术，养成良好的作画习惯。

年级	领域	国家课程目标	拓展课程目标
一、二年级	馨雅设计	1.观察身边的用品，初步了解形状与用途的关系。 2.尝试不同工具，能对各种材料进行简单组合和装饰，体验设计和制作活动的乐趣。	1.观察身边的用品，通过泥塑、剪贴等创作活动，进行创意设计。培养儿童的审美能力、思维能力、实际动手操作能力，提高儿童的综合艺术素养。 2.利用节日，认识传统文化中的剪纸艺术，激发儿童学习剪纸的兴趣，掌握剪纸的基本技巧，学会剪制简单的生活物品，树立物以致用的设计意识。
	馨雅赏评	1.观赏自然景物和中外美术作品。 2.在欣赏时用简短的话语大胆表达感受。	1.学习观赏自然景物的方法，学会欣赏生活中的美好事物，感受祖国山河的魅力，并用简短的话语表达感受。 2.通过欣赏了解传统民间美术作品特色，感受传统文化艺术魅力，增强儿童热爱民族传统工艺的情感。 3.了解汉字文化，感受汉字的有趣和神奇。通过书法文化教学培养儿童写好字、做好人的意识品格。
	馨雅探究	1.采用造型游戏的方式，进行主题创作和展示。 2.以造型游戏与其他学科整合，进行无主题或有主题的想象、创作和展示。	1.阅读绘本，欣赏各种绘本中的图案，培养儿童对美的感受力。能够对绘本图案进行临摹练习，并加上自己的联想，进行创作或展示。 2.探究学习简单的图画日记制作技巧，学习用绘画的形式记录生活场景，提高儿童发现美、创造美的能力。
三、四年级	馨雅造型	1.初步认识线条、形状、色彩与肌理等造型元素。 2.学习使用各种美术工具，体验不同美术材料。通过观察、绘画、制作，表现所见所闻、所感所想，丰富想象力，激发创造力。	1.了解卡通艺术的发展历史，认识卡通艺术的美学内涵，学习卡通画基本技法。培养儿童观察能力、创造能力。激发儿童振兴民族卡通艺术的思想感情。 2.体验不同媒材的表达效果，在传统素描的基础上，启发儿童用创造性、发散性思维，以趣味素描的艺术形式表现具有独立审美意识的客观物象。
	馨雅设计	1.尝试从形状与用途的关系，认识设计和工艺的造型、色彩、媒材。 2.学习对比与和谐、对称与均衡等形式原理，用手绘草图或立体制作的	1.引导儿童学习石头绘画的设计方法，根据石头的不同形状，创作可爱的形象。培养儿童的想象力与造型能力。引导儿童感受大自然的美好和神奇，丰富儿童的绘画经验，提高美术兴趣。

年级	领域	国家课程目标	拓展课程目标
三、四年级		方法，表现设计构想，感受设计和工艺与其他美术活动的区别。	2.认识书籍装帧艺术，学习简单的绘本制作方法。在制作过程中磨炼意志，学会合作，感受设计和工艺对生活的影响力。
	馨雅赏评	1.欣赏符合学生认知水平的中外美术作品。 2.学习用语言或文字等多种形式描述作品，表达感受与认识。	1.通过学习欣赏名家作品，了解其艺术成就、艺术特色和艺术表现，表达感受与认识，并树立尊重各民族文化的意识。 2.认识中国画的工具，学习写意、工笔的笔法和墨法。通过学习，培养儿童对祖国传统绘画艺术的热爱，获得中国传统文化精神的熏陶，使中国传统文化艺术得到传承和发展。
	馨雅探究	1.采用造型游戏的方式，结合语文、音乐、品德与社会、科学等学科内容，进行美术创作与展示。 2.在创作与展示过程中大胆发表创作意图。	1.探究中国汉字的演变过程，了解软笔书法的基本知识，初步感受软笔书法的艺术美，进一步提高儿童的书写水平，培养儿童爱好书法的兴趣。 2.了解自己家乡的历史和发展概况，对家乡某一方面的过去和现在有比较深入的认识。知道自己家乡的标志性景观，并能作简单的介绍，制作游览路线图或者宣传小报。
五、六年级	馨雅造型	1.运用线条、形状、色彩、肌理和空间等造型元素，学会描绘和立体造型的方法。 2.选择合适的工具、媒材，记录与表现所见所闻、所感所想，发展美术构思与创作的能力，表达思想与情感。	1.感受墨汁的力量，探索水墨画的表现方法。了解水墨画的历史，培养儿童热爱中国传统文化的思想感情，增强民族自豪感。 2.认识理解彩铅画的艺术特色。学习彩铅表现技法，激发想象力，培养形象思维能力和创造力，增强儿童对生活的乐趣。
	馨雅设计	1.从形态与功能的关系，认识设计和工艺的造型、色彩、媒材。 2.运用对比与和谐、对称与均衡、节奏与韵律等形式原理以及各种材料、制作方法，设计和装饰各种图形与物品，改善环境与生活，并与他人交流设计意图。	1.了解掌握有关设计知识；发展儿童的设计意识和艺术创新能力，扩展审美情趣；能对生活中的物品进行创意设计。 2.了解现代居室装饰的特点，感悟装饰品带给人的美感。通过学习，能用多种技法创作一件装饰作品，并能运用到生活中去。

年级	领域	国家课程目标	拓展课程目标
五、六年级	馨雅赏评	1. 欣赏中外优秀美术作品，了解有代表性的美术家。 2. 通过描述、分析与讨论，用简单的美术术语对美术作品的内容与形式进行分析，表达对美术作品的感受与理解。	1. 欣赏祖国各地山河景观以及厂矿商业区等，并能进行研究性学习体验；增强民族自信，立志学习报效祖国。 2. 学习文字艺术，初步认识艺术字在日常生活中的应用；了解黑体和宋体字的笔画特点；学会变体美术字的构思方法；尝试书写变体美术字并利用到生活装饰中。
	馨雅探究	1. 结合其他学科的知识、技能以及学校和社区的活动，用多种美术媒材进行策划、创作与展示。 2. 体会美术与生活环境、美术与传统文化的关系。	1. 结合语文学科知识开展诗词配画活动，引导儿童热爱诵读古诗词，在理解古诗词的基础上对古诗词进行配画；并能合理安排画面，大胆想象，培养儿童对中国古文化的热爱。 2. 通过观察、参观等活动熟悉校园环境，认识校园的场馆、设施以及学校的发展历史等；绘制校园美景图画或者结合各科知识，为学校设计规划蓝图或制作模型作为毕业礼物送给母校。

第三节

归纳凝练，萃取丰富多元的课程精华

《义务教育美术课程标准（2011年版）》指出，美术课程资源的开发有利于丰富美术教学的内容，提高美术教学的效益，突出地方美术教育的特色。基于此项要求，为了培养儿童终身发展和适应未来社会所需的各种能力，并满足儿童的个性化学习需求，开发和培育儿童的潜能和特长，我校建立了美术课程框架，依据"馨雅美术"课程基本理念，在实施基础课程的同时，聚焦"馨雅美术"课程目标，开发丰富美术学科的拓展课程，建构相互补充、相互促进的课程体系，适应儿童个性发展的需求，培养儿童温馨雅致的能力与气质。

一、"馨雅美术"课程结构

以《义务教育美术课程标准（2011年版）》为依据，关注小学美术学科核心素养、结合儿童的发展特点以及我校儿童的特质，我们从馨雅造型、馨雅设计、馨雅赏评、馨雅探究四个领域按年级分学期设计了24门课程。课程涵盖各年级四个领域的学习，在绘画的基础上进行创意表现，在设计中进行探索，在赏评中进行领悟。所有课程都为培养儿童温馨雅致的审美气质而设立（见图5-1）。

（一）"馨雅造型"课程内容意在引导儿童运用多种材料和手段，体验造型乐趣，表达情感和思想。如《开心童画》《色彩之旅》《创意素描》等课程，利用各种绘画材料和工具，让儿童学习线条、色彩的运用技法和规律，在游戏中培养儿童的学习兴趣和审美趣味。

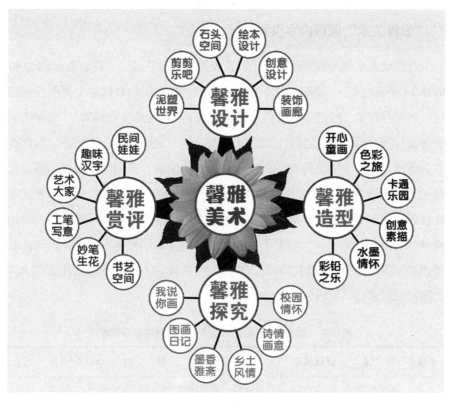

图 5-1　小庙中心学校馨雅美术课程结构图

（二）"馨雅设计"课程内容是基于培养儿童的动手能力和设计思维的课程。如《石头空间》《绘本设计》《装饰画廊》等课程就是让儿童学会用生活中的物品进行创意优雅的设计，从而培养儿童关注生活、美化生活的欲望和情感。

（三）"馨雅赏评"课程内容是引导儿童学会欣赏、学会评价，形成审美趣味系列课程。如《趣味汉字》《书艺空间》《妙笔生花》等课程，除了要求儿童通过欣赏获得直观的审美感受之外，还能够应用流畅的、个性化的语言和文字来创造性地表述自己的感受、认识和理解。

（四）"馨雅探究"课程内容是指通过综合性的美术活动，引导儿童形成主动探索、研究的意识，学会创造性地解决问题。在解决的过程中做到言行儒雅、思想睿智。如《乡土风情》《校园情怀》这类课程就是引导儿童运用所学的美术知识去探究家乡和学校的人文艺术、风土人情，激发他们爱家乡、爱学校的情感。

二、"馨雅美术"课程内容设置

在完成国家统一课程的基础上，我校美术学科开发了《开心童画》《水墨情怀》《石头空间》《妙笔生花》等趣味课程。其中以综合探索类课程最显特色，该课程秉承学校"明礼教育"思想，基于"课程即文化萃取""课程即顺性生长""课程即美好情愫"的追求，形成了以"诗情画意"为特色，包含线描、色彩、设计、书法等课程。以手抄报、诗配画、日记画等形式，指导儿童学习经典诗词、民间艺术；学习水粉、线描、动漫等技法，感受传统文化在现代社会彰显的魅力。意在让每一个儿童在丰富多彩的课程学习下，明礼修身，积淀美术素养，为美好幸福的人生奠基。我们根据不同年龄段的儿童特点和知识水平整体规划了课程，有针对性地设定不同的主题，并绘制学科类课程设置表格（见表5-2）。

表5-2 小庙中心学校馨雅美术学科课程内容设置表

年级	领域	课程名称	课 程 内 容
一年级	馨雅造型	开心童画	黑白线描、彩笔线描等线描画技法学习。
	馨雅设计	泥塑世界	泥塑作品欣赏、泥塑玩偶制作（人物、动物、食品、用具等）。
	馨雅赏评	民间娃娃	民间玩具欣赏、制作，学会简单评述。
	馨雅探究	我说你画	绘本欣赏、绘本图案临摹练习。
二年级	馨雅造型	色彩之旅	三原色、三间色、复色、明度、纯度练习。
	馨雅设计	剪剪乐吧	剪纸的艺术特色、基本技巧与悠久历史学习；学习剪制生活中熟悉的物品，如学习用品、生物用品等。
	馨雅赏评	趣味汉字	象形字的故事、书法家的故事、画字游戏等；基本笔画书写；独体字书写规则。
	馨雅探究	图画日记	学习日记画的特点：以画为主，文字叙述为辅，文画一体，相映成趣。
三年级	馨雅造型	卡通乐园	卡通画基础学习；单个卡通形象临摹与创作；卡通连环画创作。
	馨雅设计	石头空间	水粉技法学习，石头造型设计知识学习。
	馨雅赏评	艺术大家	欣赏艺术家作品，了解创作背景、故事等。
	馨雅探究	墨香雅斋	毛笔书法用具的熟悉和了解；软笔书法基本笔画的书写方法；独体字临写。

年级	领 域	课程名称	课 程 内 容
四年级	馨雅造型	创意素描	素描基本知识：明暗、光线、排线等知识；以生活用品、卡通人物、风景等作为表现题材，进行创意表现。
	馨雅设计	绘本设计	绘本制作方法：故事选择、构图知识、绘制方法、情节内容编写。
	馨雅赏评	工笔写意	中国写意、工笔作品欣赏，工笔、写意基本技法学习。
	馨雅探究	乡土风情	探究家乡地理位置、标志建筑、风俗文化、美食等；家乡景点研学写生。
五年级	馨雅造型	水墨情怀	中国水墨画技法学习（动物、植物、人物等）。
	馨雅设计	创意设计	生活日用品的创新设计；设计图的基本画法。
	馨雅赏评	妙笔生花	欣赏中国书法艺术；进行各种美术字的笔画特点学习；字体装饰设计应用。
	馨雅探究	诗情画意	根据季节和节日学习相关诗词；学习用线描、水粉、素描等绘画技法，表现诗词中描写的景象。
六年级	馨雅造型	彩铅之乐	彩铅画艺术特点学习；单个作品临摹体验（水果、花卉、动物、食品、用品）；写生、整合创作。
	馨雅设计	装饰画廊	装饰品特点、类别、题材、表现技法学习，生活中装饰画运用知识。
	馨雅赏评	书艺空间	中国书法作品欣赏，诗词作品的临写与创作（软笔硬笔）。
	馨雅探究	校园情怀	学校历史资料学习，校园环境欣赏，校园景物写生创作。

协作共助，发挥多方联结的教育合力

《义务教育美术课程标准（2011年版）》中对美术课程的实施和评价有明确的要求。实施建议中要求教师必须"坚持面向全体学生的教学观；积极探索有效教学的方法；营造有利于激发学生创新精神的学习氛围；多给学生感悟美术作品的机会；引导学生关注自然环境和社会生活；重视对学生学习方法的研究；探索各种生动有趣、适合学生身心发展水平的教学手段；培养学生健康乐观的心态和持之以恒的学习精神"。[①]

评价建议中也强调"美术课程评价应以学生在美术学习中的客观事实为基础，注重评价与教学的协调统一，尤其要加强形成性评价和自我评价。既要关注学生掌握美术知识、技能的情况，也要重视美术学习能力、学习态度、情感和价值观等方面的评价"。[②]

我校"馨雅美术"课程的实施和评价依然以课程目标为纲要，以传统文化为依托，从学校实际出发，力求培养儿童温馨雅致的审美素质。引导儿童学习线描、写生、水粉、泥塑、剪纸等技法。主要从建构"馨雅课堂"、体验"馨雅节日"、组织"馨雅社团"、开展"馨雅实践"、举办"馨雅赛事"等方面进行组织与实施，并在促进儿童和教师人文精神、创新能力、审美品位的提升基础上进行评价。

① 中华人民共和国教育部.义务教育美术课程标准（2011年版）[S].北京：北京师范大学出版社，2012：28-30.

② 中华人民共和国教育部.义务教育美术课程标准（2011年版）[S].北京：北京师范大学出版社，2012：30-31.

一、建构"馨雅课堂"培育雅美素养

"馨雅课堂"在原有的课堂文化基础上，进行了课堂教学文化的重新调整，聚焦儿童核心素养，依据陶行知生活教育思想，致力于创设具有"温馨雅致"特点的"馨雅课堂"。更多地关注到学科核心素养，体现出知雅、智雅、志雅的三雅特征，进一步明确美术学科课堂建设的方向。

（一）"馨雅课堂"的内涵

"馨雅课堂"具有如下特点：

1. 知雅。馨雅课堂中教师素养、儿童特点、学习内容都是课程资源，充满着美的元素。教师的语言、仪态、服饰、教学课件、儿童表现、作品呈现、师生对话，都充满着温馨与雅致。

2. 智雅。馨雅课堂以启迪智慧，培养能力为本，关注师生的情感体验，以促进师生的全面发展为终极目的。课堂教学是教师和儿童人生中充满活力的一段旅途，教师的学识和儿童的智慧互相碰撞，迸发灵感与创意。在轻松愉快的氛围中，儿童的知识、能力、人格都得到提升和培养。

3. 志雅。馨雅课堂强调，着眼儿童的未来发展，修炼儿童的品性。在欣赏中养性、养心，不求浮名、不落俗凡。在技能训练中磨炼意志，升华情感。师生双方能够相互尊重、积极合作探究、不断进步，充分享受到课堂温馨雅致的美好，共同实现志向的树立和生命的升华。

总之，教师在进行"馨雅课堂"教学时必须充分准备，营造一个温馨雅致的教学环境，做好示范，引导儿童在美的情境中畅游。

（二）"馨雅课堂"的实施

"馨雅课堂"注重实效。通过常态观课，参加各级教学展评，开展经验分享等活动践行"馨雅课堂"理念。如每学期我校开展的教学开放周活动，家长和教师一起走进课堂，了解课堂教学以及课改动向，让教师和家长增强沟通，共同关注儿童的成长，进一步改进学校的管理，提高学校教育教学管理水平。每学期的青蓝工程学科教研活动也把新教师的公开课、老教师的示范课、校领导的研讨课作为重点来抓，先后培养了一批批谦逊有礼、温和优雅的学生，也培养了一批批学识渊博、睿智儒雅的教师。

（三）"馨雅课堂"的评价

"馨雅课堂"的评价从是否具有"温馨雅致"的教学理念、"雅致科学"的教学内容、"雅量高致"的教学方法、"清晰博雅"的教学过程和"优雅实效"的教学效果、"睿智儒雅"的教师素质等六个方面进行。对于儿童的评价更倾向于儿童个体能力发展方面，主要从审美能力、合作能力、创造能力、生活运用能力几个方面进行（具体要求见表5-3和表5-4）。

表5-3　合肥市小庙中心学校"馨雅课堂"教师评价表

评价项目	评 价 要 点	评价等级		
教学理念"温馨雅致"	1. 符合课标理念，贴合实际，表述准确。	☐	☐	☐
	2. 体现"馨雅课堂"的特色，准确把握教学重点、难点。	☐	☐	☐
教学内容"雅致科学"	1. 适合儿童的发展需求，有利于培养儿童对于美术的兴趣。	☐	☐	☐
	2. 关注传统文化，具有时代特色有利于全面提高儿童美术素养。	☐	☐	☐
教学方法"雅量高致"	1. 教学方法灵活多变，具有启发性。	☐	☐	☐
	2. 情境创设有吸引力，问题设计活泼、有创新。	☐	☐	☐
	3. 教学环境创设具有美感（如：课件、板书、展示区等）。	☐	☐	☐
	4. 课堂评价方式多元化，具有激励性。	☐	☐	☐
教学过程"清晰博雅"	1. 教学思路清晰，重点突出，层次清楚，结构合理。	☐	☐	☐
	2. 以儿童为主体，教师为主导。关注个体差异，面向全体儿童。	☐	☐	☐
	3. 课堂氛围温馨有活力，儿童兴趣浓厚，参与积极性高。	☐	☐	☐
	4. 利用现代化信息技术，课堂形式多样，充满美的元素。	☐	☐	☐
教学效果"优雅实效"	1. 儿童能够正确理解美术专业知识并学会运用。	☐	☐	☐
	2. 教学目标达成较全面，有效完成教学任务。	☐	☐	☐
	3. 儿童兴趣浓厚，感觉愉悦。	☐	☐	☐

评价项目	评价要点	评价等级
教师素质"睿智儒雅"	1. 教态自然，语言准确生动，行为举止优雅。	☐ ☐ ☐
	2. 能够灵活处理课堂上的生成事件。	☐ ☐ ☐
	3. 美术素养深厚，对儿童有感染力。	☐ ☐ ☐
总体印象		☐ ☐ ☐

表5-4　合肥市小庙中心学校"馨雅课堂"儿童评价表

评价项目	评价要点	评价等级（自评或他评）
知审美	1. 态度认真，上课听讲专注。回答问题表达清楚，声音响亮。 2. 能够掌握课程基础知识和基本技能，形成基本的美术素养。	☐ ☐ ☐
悦合作	1. 在学习过程中做到语言文明，举止优雅。 2. 能团结同学，积极配合他人，完成相关任务。	☐ ☐ ☐
乐创造	1. 敢于发表自己的意见并提出有创意的想法。 2. 作品美观有创意，及时完成。	☐ ☐ ☐
爱生活	1. 能够利用所学知识美化环境，美化生活。 2. 能够通过学习提升自己的审美趣味，从而更加热爱生活。	☐ ☐ ☐

二、体验"馨雅节日"探寻美学真意

传统节日的形成，是一个民族或国家的历史文化长期积淀凝聚的结果。中国传统节日，是中华民族悠久历史文化的重要组成部分，形式多样、内容丰富。传承中国优秀传统文化，促进学生发展核心素养，是党和国家对学校提出的新课题。开发和利用传统节日课程是对学生进行民族情感教育，增强文化自信的重要途径。

（一）"馨雅节日"的内涵

中华民族的传统节日丰富多彩，文化内涵深邃丰厚。除夕吃团圆饭、元宵节舞龙灯、端午节赛龙舟、中秋节看月圆……无不浸润着深奥的生活礼仪和浓厚的美学思想。我校充分利用这一资源开发了丰富多彩的节日活动课程，让儿童在节日中学习课程，在课程中体会节日的快乐，从而领悟理解传统节日的文化内涵，关注民俗风情，亲近传统文化，彰显炎黄子孙的人格魅力，弘扬华夏文明。

（二）"馨雅节日"的实施

"馨雅节日"主要是通过绘画展览、饰品设计、节日游戏等儿童喜闻乐见的形式，引导儿童主动探究传统节日的文化内涵，感受节日中所蕴含的民族情感和美学思想。引导儿童学习传统习俗文化，营造清新典雅、文明健康的校园文化艺术氛围，从而激发儿童学习的兴趣，培养儿童爱学习、乐表现的好习惯，真正体验到"温馨雅致"的气质风范。

"馨雅节日"活动的主要形式有：

1. "传统节日"故事报：以制作"美好节日"的起源和习俗的小报学习各种节日的来历和意义。

2. "缤纷节日"摄影展：以假日小队形式组织儿童走上街头，走进家庭社区进行节日民俗摄影活动，深刻体会节日文化。

3. "美好节日"主题画：将自己心目中的节日场面、人物、美食等以绘画形式表现出来，体会文化的内涵以及节日的快乐。

4. "开心节日"饰品秀：制作节日装饰品、装饰画等装饰美化环境或开展游戏活动，体会节日的快乐。

通过以上各种形式的活动，儿童对于节日的文化内涵有了深刻了解，美术技能技巧也有了进步，从而更加激发了他们的学习兴趣，审美素养也在提升。

（三）"馨雅节日"评价标准

"馨雅节日"的评价要注重儿童的情感体验。活动形式能够紧密联系生活，有利于提高儿童的兴趣且具有一定的教育意义，能够促成学生审美素养的形成（具体细则见表5-5）。

表5-5　合肥市小庙中心学校"馨雅节日"课程评价细则

评估项目	评　估　标　准	评价等级
目标	目标清晰，突出核心素养而又高于课程标准要求。尊重儿童年龄特点，趣味性强。	🌱 □　🪷 □　🌸 □
内容	内容丰富，生动形象富有美感，有利于儿童审美学习和文化学习需求。	🌱 □　🪷 □　🌸 □

评估项目	评 估 标 准	评价等级
形式	准备充分，资源丰盈，形式多样。课时安排合理，有一定的科学性。	🌱 □　🌸 □　🪷 □
效果	体现审美主线，儿童知识技能和创新能力明显提高，儿童喜爱程度高。	🌱 □　🪷 □　🌸 □

三、组织"馨雅社团"提升审美兴趣

儿童社团是现代学校教育的重要载体，随着人们生活水平的提高，社团课程已经成为每个学生的需求。这是发展儿童自主管理能力的新型课程，是全面实施素质教育的重要补充。

（一）"馨雅社团"的内涵

"馨雅社团"以学校"明礼教育"哲学为指导，通过培养儿童的兴趣爱好，发展个性特长，为丰富校园文化艺术氛围发挥重要作用，从而成为学校的品牌项目。"馨雅社团"建设以"审美兴趣，道德情操"为导向，为儿童提供展示自己爱好与技能的广阔舞台。

近年来学校组织了"红苹果书画文学社团""创想美术社团""荷园美术社团"。通过这些社团，培养儿童的技能技巧、竞争意识、合作精神和坚强毅力；丰富儿童的知识，提升儿童温馨雅致的审美气质。具体从以下几个方面进行实施。

（二）"馨雅社团"的实施

"馨雅社团"主要通过组建团队、制定章程、开展活动、成果展示、考核奖励等途径来实施。具体要求如下：

1. 规范的团队建设

"馨雅社团"由学校少年宫根据学生年龄特点、兴趣爱好等要求号召组建。每个社团有二十名以上的儿童，有一名辅导员。社团小干部由团员民主选举产生，具有奉献精神，能够为大家服务，并能够在学习中起带头作用。

2. 鲜明的社团章程

（1）有名称：每个社团都要有一个朗朗上口、温馨雅致、富于内涵且能够启迪学生思考的社团名称。如"红苹果书画文学社团""创想美术社团""荷园美术社团"等名称都是根据社团活动的主要内容拟定的。

（2）有标志：每个社团都要设计一个标志。标志要求色彩明亮，能够表现出社团理念和特色，而且要富有童趣，简单明了。

（3）有团训：每个社团都有一句响亮而温馨的团训，能够突出社团丰富多彩的活动以及团员温馨雅致的精神风貌。如"荷园美术社团"的团训就是"赏荷花，品荷情，绘荷韵，诗中有画，画中有诗"。"创想美术社团"的团训就是"奇思妙想，创意无限"。

（4）有制度：每个社团都要制定《活动室制度》《成员学习制度》《教师职责》等。

3. 丰富而有序的活动

（1）每个社团有完整的年度活动计划、活动记录、活动总结。

（2）每个社团有固定的活动时间、活动地点。

（3）每个社团有固定的指导老师，并按照课程理念对学生进行辅导。

4. 定期进行成果展示

每个社团在每学期的期末都要举办成果展示活动。如举办社团美术作品展、社团作品义卖活动、精彩社团推介词演讲比赛等。

5. 考核与奖励

每学期期末德育处制定奖评方案，对在社团活动中表现突出的儿童给予表彰奖励，对活动中表现突出的社团负责人也给予表彰奖励。

（三）"馨雅社团"的评价要求

"馨雅社团"的评价内容和标准等方面应全面具体，分别从社团建设和团员学习两个方面制定细则。社团建设主要从制度保障、实施过程、成果展示等方面进行（具体细则见表5-6）。团员学习主要从学习态度、合作能力、创新意识、审美素质几个方面进行评价（详见表5-7）。

表5-6 合肥市小庙中心学校"馨雅社团"评价表

评价内容	评价标准	评价方式	评价等级
制度保障	社团有规范、健全的组织机构、有活动章程、社团指导教师，能够指导儿童社团建设。	1.访谈儿童； 2.听课评课。	🌱 □ 🌿 □ 🪷 □

评价内容	评价标准	评价方式	评价等级
制度保障	有社团章程和管理制度，有计划有总结。工作计划任务明确、重点突出、措施得力。工作总结全面具体。	1. 查阅资料； 2. 听取汇报。	🌸 □　🌺 □　🪷 □
实施过程	社团活动常态化、规范化，做到前有计划，后有总结。每学期活动不少于15个课时，过程性资料翔实（活动记录、照片）。	1. 问卷调查； 2. 查看新闻报道。	🌸 □　🌺 □　🪷 □
成果展示	每学期社团学员积极参加各级各类美术比赛，并定期在学校举办作品展。	1. 查看获奖证书； 2. 现场察看作品展。	🌸 □　🌺 □　🪷 □

表5-7　合肥市小庙中心学校"馨雅社团"团员评价表

评价项目	评 价 要 点	评价等级（自评或他评）
学习态度	能按时参加社团活动，态度认真，准备充分	🌸 □　🌺 □　🪷 □
合作能力	在活动过程中能够语言文明，举止优雅，团结同学，积极配合他人，完成相关任务	🌸 □　🌺 □　🪷 □
创新意识	活动中敢于发表自己的意见并提出有创意的想法，作品美观有创意	🌸 □　🌺 □　🪷 □
审美素质	个人审美感受力强，能够积极参与各级书画比赛，并能够利用所学知识装扮校园，美化生活	🌸 □　🌺 □　🪷 □

　　总之，通过建设规范的团队、制定完善的社团制度，使得各个社团得到有效开展，儿童在社团里得到锻炼，得到培养。

四、开展"馨雅实践"激发儿童潜能

　　研学实践活动是对儿童进行理想信念教育、国情教育、爱国主义教育、劳动技能教育的重要载体，是教育部规定的教育教学内容之一。其主要特点和价值是与生活实践联系紧密。

（一）"馨雅实践"的内涵

　　"馨雅实践"课程以鼓励儿童亲自参与获取直接经验为目标。通过参观、体验、交流讨论等方式获取有关的知识，并使美术技能、情感意志、审美素养等得到训练和培养，与学科课程可以相互补充而更加能够激发儿童的学习兴趣。

（二）"馨雅实践"的实施

"馨雅实践"课程主要通过研学旅行来实施。因为学校地处农村，有广阔的田野和丰富的花草树木，还有古老的民居和现代化的农场，我们每年都定期组织儿童到室外进行研学旅行活动，让儿童感悟家乡的美丽，激发他们热爱家乡、建设家乡的愿望。具体研学地点有以下几处：枣林幸福农场樱桃园、将军岭小岭南农庄、小蜀山蜀景蓝莓基地、大柏村果玩综合体基地、将军岭曹操河凤凰墩遗址、北分路桑葚园等。

每次"馨雅实践"活动都必须要制定详细的活动方案和安全预案。活动过程中组织教师要对儿童进行指导，活动结束要收集研学作业，如研学日记画、写生作品、摄影作品等。组织评选之后在学校或社区里进行展览，既让儿童得到了锻炼，也提升了他们的自信心，并加强了学校与家长以及社区之间的交流。

（三）"馨雅实践"的评价

"馨雅实践"评价通过对目标制定、组织形式和活动效果的考察进行价值判断。要求注重儿童的直接经验，符合儿童心理特点。尊重儿童自主意识以及表达方式（具体细则见表5-8）。

表5-8　合肥市小庙中心学校美术课程"馨雅实践"活动评价表

评价要点	评 价 标 准	评价等级
目标制定	符合学校育人目标，与学校课程目标相对应	🌹□　🌹□　🌸□
	贴近生活，贴近儿童，丰富儿童的直接经验	🌹□　🌹□　🌸□
	引入多种信息，运用多种知识	🌹□　🌹□　🌸□
	难易得当，易于操作	🌹□　🌹□　🌸□
组织形式	组织形式符合儿童的成长规律	🌹□　🌹□　🌸□
	活动方案翔实，活动组织得力，具有安全性	🌹□　🌹□　🌸□
	教师指导时间适量，善于启发	🌹□　🌹□　🌸□

评价要点	评 价 标 准	评价等级
活动效果	活动过程儿童自主性强，活动的方案筹备、结束后作品的评价都有儿童参与	🌹 ☐　🌸 ☐　🪷 ☐
	儿童参与面广，每班不少于90%	🌹 ☐　🌸 ☐　🪷 ☐
	活动方法多样，有相应的活动成果	🌹 ☐　🌸 ☐　🪷 ☐
总体印象		

五、举办"馨雅赛事"展现儿童风采

生活是美好的，生活也是充满竞争的。竞赛是一个平台，让儿童展示才能找到自信；竞赛也是一面镜子，照出不足，找到差距；竞赛更是一块试金石，让儿童充分认识自己。引导儿童参加各种各样的竞赛活动对于儿童的成长具有举足轻重的作用。

（一）"馨雅赛事"的内涵

"馨雅赛事"是以社会主义核心价值观为导向，以中华传统文化为基点，以美术作品为载体，为儿童发展个性特长，展示艺术才能创造平台，意在营造学校温馨雅致的艺术氛围，陶冶儿童的审美情操，提高教育教学质量。

（二）"馨雅赛事"的实施

"馨雅赛事"是利用每年一度的各种赛事活动评比进行实施。学校德育处和教导处每年会按月份制定活动方案，开展各种比赛。美术类的比赛有：

1."古诗配画"比赛。每年4月份组织全校范围内的古诗词配画比赛，引导儿童用各种技法表现古诗词意境；培养儿童热爱祖国传统文化的情感，继承并发扬传统文化精神。

2."精美绘本"比赛。每年10月份组织四、五、六年级制作绘本比赛，引导儿童学习绘本文化的精髓，学会制作简易的绘本；培养儿童创新精神和审美素质。

3."校园文化艺术节"书画比赛。每年元旦前后组织以"庆元旦迎新春"为主题的师生书画比赛，营造校园艺术氛围，提升儿童视觉感受力。

4."缤纷童年"庆"六一"书画比赛。每年"六一"前后组织以庆祝"六一"儿童节为主题的书画比赛，引导儿童感悟童年生活的美好。

5. 德育主题绘画比赛。适时根据学校德育要求开展诸如爱祖国、爱劳动、爱科学等主题绘画比赛，提升儿童绘画技能，培养儿童思想道德品质。

所有赛事都以班级为单位，首先由美术老师指导，所有儿童参与创作并上交作品，然后逐级评选，最后将优秀作品进行展示。

（三）"馨雅赛事"的评价

"馨雅赛事"从理念、规则、形式、效果几个方面进行评价（具体细则见表5-9）。

表5-9　合肥市小庙中心学校"馨雅赛事"评价细则

评价要点	评 价 标 准	评价等级
赛事理念	体现"以生为本"的理念，能切实让儿童得到锻炼	🌸□　🌷□　🪷□
赛事规则	比赛坚持"公平公正"原则，比赛过程中没有舞弊现象	🌸□　🌷□　🪷□
赛事形式	比赛的形式活泼有序，儿童参与积极性高	🌸□　🌷□　🪷□
赛事效果	学生参与积极性高，在比赛过程中能够以饱满的激情投入创作，作品呈现美观有创意	🌸□　🌷□　🪷□

综上所述，"馨雅美术"是具有审美愉悦性、人文性、创新性的课程，是学校"明礼教育"体系的重要组成部分，是一个丰富又活泼的课程群，是美术课程中"造型·表现""设计·应用""欣赏·评述""综合·探索"四个领域的地方特色呈现。课程群的建构彰显传统文化特色，是儿童需求、教师素养、学校资源的有机结合。这样的课程体系，为创造性地落实国家课程提供了实践操作性参考框架，有助于进一步指导教师进行课程开发和实施，能切实提高教师教育教学研究能力，也让每一个儿童在丰富多彩的课程学习中，不断积淀美术知识，提升美术素养，培养温馨雅致的审美气质，愉快地度过童年时光，为美好幸福的人生奠基。

（撰稿人：高芳萍　金红　宋兴龄）

第六章

泛项目化课程的管理与评价

　　课程管理质量包括课程管理制度运行的有效性、课程资源保障的达成度、课程自评决策的贯彻度等三个要素。课程管理是课程建设的"验收"环节，回答"学校要提供哪些保障使课程有效运作并及时反馈和更新"的问题。[①]泛项目化课程坚持以高效管理为保障，以师生发展为目标，坚守育人的核心价值，带领艺术课程实现真正意义上的内涵与跨越式发展。

---

① 夏雪梅，沈学珺.中小学教师课程实施的程度检测与干预［J］.教育发展研究，2012（8）：37—41.

一、泛项目化课程的管理

（一）做好前期准备工作，丰富课程资源库的内容

在前期准备阶段，根据儿童的身心发展规律以及学校分段目标，组织教师对泛项目化课程的内容进行整合再设计，形成第一手资料，成立泛项目研究核心组，并对泛项目组成员进行合理的分工，充分发挥泛项目核心组的作用。发挥本土资源的特色，利用多种渠道，收集大量的艺术视角泛项目化课程资源，成立课题资源库。资源库的内容还要涵盖艺术课程在儿童中的调查问卷，以及广泛征集教师对开展泛项目化课程的意见与建议，使资源库的内容更真实、完善，为泛项目化课程内容的制定做准备。合肥市稻香村小学的课程设置上，从"灵涵于美""灵动于行""灵创于新""灵韵流香"四个维度分别涉及不同层次的乐理知识、音乐实践、中外音乐鉴赏以及本土音乐等。可见其泛项目化课程资源库涵盖的范围广泛，层次丰富。

（二）做好宣传，扩大泛项目化课程的影响力

通过家、校、社三个方面进行宣传。家长方面，做好思想沟通工作；学校方面，对教师进行培训，对儿童进行课程教育；社会方面，通过政府系统做好社会宣传工作。比如，请教育专家通过讲座的形式进行科普、教育；通过媒体让社会了解泛项目化课程在学校的实施情况；组织课程研发者以外出研讨等方式进行宣传。在不断完善课程的同时，扩大其影响力。

（三）加强团队建设

优化教学团队建设，进一步完善课程团队建设计划，有明确目标和具体措施。搭建以泛项目化课程研讨、课题观摩等活动为主的教研实践平台，促进教师业务素质的不断提高，建立一支完全能够满足泛项目化课程教学和建设需要的教师队伍。除了扎实课堂实践研究外，还要鼓励教师积极撰写教育反思，教师们结合自己的案例，以学期为单位定期开展交流活动，将自己在构建、组织泛项目化课程中的感悟、经验及困惑一一进行剖析与分享，共同反思、共同进步，设置更好的课程。合肥市稻香村小学教育集团音乐教研组共十人，市级骨干教师多名，研究氛围良好，并带领师生在国家级、省级获得出色的成绩。此外，音乐教研组根据教育部的相关文件精神，研制了合肥市稻香村小学音乐学科课程群方案。协作的团队为泛项目化课程的高效管理

提供了有力保障。

（四）加强制度建设

学校管理制度之于学校如同法律法规之于政府，其重要性不言而喻。完善的规章制度可以保障课程的有序推进。合肥市小庙中心学校为"馨雅美术"构建了相对完善的管理制度，有美术教研工作机制和美术教师培训制度，致力于提高美术组教师的教学水平和教育科研能力；有各项活动和社团的制度，是活动和社团有序进行的有力保障。

（五）设立专项科研经费

1. 实行经费倾斜政策。筹措资金优先用于课程开发，设备添置和奖励等，保证学校课程的顺利实施。泛项目化课程多样的教学形式就决定了在课程开发上要实行经费倾斜政策。比如研学游、摄影采风、音乐会等，都要保证其设备的完整及统筹的完善。其次，各类赛事的奖励也要做到巨细无遗。

2. 铺设平台。开发校本课程教学最新资料，编印理论学习摘要，介绍课改动态与信息。

3. 改善办学条件。加强学校与社区、家长的沟通，开办儿童家长培训班，使学校课程的实施得到社区与家长的认可和支持，优化课程实施的环境和家庭育人环境。

二、泛项目化课程的评价

泛项目化课程的趣味性、自主性、生活性，意味着评估框架应该是多种理论协同之下的、体现迭代建设过程的体系。除了对课程实施结果的质量检测外，更要关注课程的实施过程。评价方法必须着眼全程性和多样性，既要关注儿童掌握知识、技能的情况，更要重视艺术学习能力、学习态度、意志品质等方面的评价。要真正发挥评价促进儿童发展、教师提高和教学实践改进的功能。

（一）紧扣课程目标的评价

评价是一种检测，通过评价了解课程的目标有没有得到实现。课程目标是泛项目化课程建设的基本点，需明确儿童经过学习、实践应该达到的具体目标。因此，课程评价中也需对应目标——检测。合肥市稻香村小学的"灵动音乐"课程体系中，"灵动课堂"的评价就紧扣其内涵与目标，从"灵趣""灵巧""灵创""灵韵"四个方面来评价。评价内容也是紧扣其内涵与目标来展开。比如，"灵趣"的评价点是课程趣味的体现；"灵巧"的评价点是课堂活动形式的多样性；"灵创"的评价点是思维创新性；"灵韵"的评价点则是儿童对文化的理解度。其课程目标得到一一检测。

（二）注重过程性的评价

关注过程是泛项目化课程的一个显著特征，学习是一个动态的过程，不是一个静止的结果，从过程中更能获得较为全面而真实的信息。合肥市稻香村小学的"灵动音乐"课程体系中，"灵动赛事"的评价就有所体现。其评价项目中，并没有直接评价结果，而是对参赛过程中的因素进行评价。比如合唱中，关注团队合作的默契；乐器上，关注个人对相关乐理知识的掌握及乐器的演奏方法；舞蹈上，关注儿童的基本姿态与音乐的协调配合；歌唱上，关注儿童的歌唱姿态及自然发声及表情。并且，用评价表、汇报表演、评比结果、视频等形式来呈现记录赛事过程。评价要真正做到关注儿童的学习过程，为实现儿童全面发展提供保障。

（三）关注多元化的评价

加德纳的多元智力理论中提到，每个儿童都有可发展的潜力，只是表现的领域不同而已，学习者存在个体差异性，评价中遵循多元化原则，是合理的体现。评价的多元化包括评价主体的多元、内容的多元以及评价方法的多元化。合肥市稻香村小学的"灵动音乐"课程评价体系中包含"灵动课堂""灵动音乐节""灵动赛事""灵动社团""灵动小主播"五个方面，每个方面又细分了多个维度进行考察，每个维度又设置了具体的评价要求。比如"灵动赛事"的评价中，有合唱、舞蹈、器乐、歌唱四个维度，合唱考察的是团队默契，器乐考察的是相关的乐理知识等。评价方法上也做到了各有差异，针对不同的活动形式制定相应的评价体系。评价内容更是关注到儿童在学习过程中的方方面面，真正做到评价的多元化。

（四）注重表现性的评价

表现性评价强调创设真实情境，即便是模拟情境，也必须能激发儿童在真实情境中相似的反应，以考察儿童在现实生活中分析问题和解决问题的能力。这迎合了泛项目化课程中所倡导的自主、合作、探究学习方式。合肥市稻香村小学的"灵动音乐"课程体系中，其中"灵动社团"的评价中就对情感态度、合作交流、实践能力及成果展示进行了考察。情感态度中，最大限度地发挥了儿童的主观能动性，如提出设想与建议及克服困难和挫折等；合作交流中，也有意引导儿童在团体中的作用，即互帮互助；成果展示中，摒弃了传统单一模式，而是注重儿童在学习过程中的具体表现，以及倡导有创意的、多样的表现形式，极大程度地测量出儿童在真实世界中的实践能力和情意表现。

灵动音乐：让音乐文化滋养儿童美好心灵

音乐是流淌的旋律、旋转的舞步、飞扬的歌声、智慧的启示、愉快的合作，更是情感的表达。我们引导儿童在灵动的空间中载歌载舞，在灵韵的课堂中绽放精彩，在多彩的活动中展示自我……用跳动的音符谱写生活的乐趣，用丰富的情感润泽醇香童年。

合肥市稻香村小学教育集团音乐教研组现有教师十人，其中合肥市小学音乐骨干教师两人，蜀山区骨干教师两人，高级职称一人，一级职称两人。音乐教研组团结协作，研究氛围良好，获得部分奖项有：全国信息技术融合课例二、三等奖；安徽省优质课大赛二等奖；安徽省音乐学科论文一等奖；安徽省微课一等奖；安徽省艺术节展演二等奖；合肥市中小学艺术节展演舞蹈、合唱一等奖以及合肥市优秀学生戏曲社团等。根据教育部《关于深化课程改革，落实立德树人根本任务的意见》以及《义务教育音乐课程标准（2011年版）》文件精神，研制稻香村小学音乐学科课程群建设方案。

第一节

畅享灵动，实现生命蓬勃的自我价值

一、学科性质观和价值观

《义务教育音乐课程标准（2011年版）》将音乐课程性质总结为"三性"——人文性、审美性和实践性。"人文性是音乐文化的重要组成部分，是人类宝贵的精神文化遗产和智慧结晶。无论从文化中的音乐，还是从音乐中的文化视角出发，音乐课程中的艺术作品和音乐活动，皆注入了不同文化身份的创作者、表演者、传播者和参与者的思想情感和文化主张，是不同国家、不同民族、不同时代文化发展脉络以及民族性格、民族情感和民族精神的展现，具有鲜明深刻的人文性。审美性是指'以美育人'的教育思想与我国的教育、文化传统一脉相承，是培养德智体美全面发展的社会主义建设者和接班人的教育方针的有机组成部分。通过音乐教育培养和提高学生感受美、表现美、鉴赏美、创造美的能力，陶冶情操，发展个性，启迪智慧，丰富和发展形象思维，激发创新意识和创造能力，全面提升学生的素质。实践性是指音乐音响不具有语义的确定性和事物形态的具象性。音乐课程各领域的教学，只有通过聆听、演唱、探究、综合性艺术表演和音乐编创等多种实践形式才能得以实施。学生在亲身参与这些实践活动过程中，获得对音乐的直接经验和丰富的情感体验，为掌握音乐相关知识和技能、领悟音乐内涵、提高音乐素养打下良好基础。"①

---

① 教育部基础教育课程教材专家工作委员会.义务教育音乐课程标准（2011版）解读［M］.北京：北京师范大学出版社，2013：30.

学科的性质决定了音乐学科课程既要注重培养儿童的基础知识和技能，也要注重培养儿童的审美意识，提高儿童感受音乐、鉴赏音乐、表现音乐、创造音乐的能力，提高整体儿童审美素养。让儿童掌握"自然歌唱"，学习"乐理知识"，了解"多元文化"，学会"合作创造"，提高"审美情趣"，所以音乐学科是灵动的、有创造性的。在综合的艺术学习中，潜移默化的艺术审美教育伴随儿童生命成长，让儿童热爱生命、热爱生活，通过唱、跳、说、演等各种表现形式释放儿童天性。

《义务教育音乐课程标准（2011年版）》指出："音乐课程的价值在于为学生提供审美体验，陶冶情操，启迪智慧；开发创造性发展潜能，提升创造力；传承民族优秀文化，增进对世界音乐文化丰富性和多样性的认识和理解；促进人际交往、情感沟通及和谐社会的构建。"[①]要实现让儿童养成健康、高尚的审美情趣和积极乐观的生活态度，激活儿童的表现欲望和创造冲动，使他们的想象力和创造性思维得到充分发挥；养成儿童共同参与的群体意识和相互尊重的合作意识；增进对不同文化的理解、尊重和热爱。需要通过学习系统的国家与校本音乐课程实现价值目标。

二、学科课程理念

小学阶段是儿童学习音乐的基础阶段，通过音乐课程引导儿童学习音乐，陶冶情操，学会感受与鉴赏美；通过美妙的声音、律动的节奏去表现对音乐的理解。在音乐学习中弘扬、传承民族音乐文化，让儿童体验、发现、表现、创造和享受音乐之美，把"学习音乐的终极目标从'学习音乐知识'转移至'学习体验音乐'"[②]。在原有音乐课程基础上结合合肥市稻香村小学"让美好与儿童相伴相随"的课程理念研制我校"灵动音乐"课程。

《礼记·乐记篇》："凡音之起，由人心生也。人心之动，物使之然也。感于物而动，故形于声。声相应。故生变；变成方，谓之音。比音而乐之，及干戚羽旄，谓之乐。"音乐是人情绪情感的表达，每个儿童都是一个快乐的音符，在音乐中感受生活、体验生活。"灵"即灵活、巧妙、活动迅速，就像儿

---

① 教育部基础教育课程教材专家工作委员会.义务教育音乐课程标准（2011版）解读［M］.北京：北京师范大学出版社，2013.

② 梁宝华.音乐创作教学［M］.北京：人民音乐出版社，2014：第四节第7页。

童蓬勃的生命一样；"动"即行动、律动。"灵动音乐"就是让活泼灵巧的儿童循着旋律感受美好，让他们在音乐中启迪智慧、滋养身心，建立自我价值。依据"灵动音乐"课程哲学，我们提出了"让音乐文化滋养儿童美好心灵"学科课程核心理念。在灵动的学习过程中，践行用灵巧的音律以美育人，培养儿童的音乐素养。小学音乐课程基本理念是"以音乐审美为核心，以兴趣爱好为动力；强调音乐实践，鼓励音乐创造；突出音乐特点，关注学科综合；弘扬民族音乐，理解音乐文化多样性；面向全体学生，注重个性发展"。基于音乐教育的终极目标，"灵动音乐"在内容上，让儿童以审美能力为核心去主动学习，积极参与各种音乐活动；在创造和表现上，让儿童关注音乐文化的多元性，去体验、发现生活的美；在灵巧律动中去参与音乐活动，锻炼交往、合作、创新的能力；通过听、说、唱、跳、演、看等多种学习方式培养儿童形成良好的素养，实现从学习音乐知识转移至学习体验音乐，感受生活之美。

"灵动音乐"是多元的音乐。《义务教育音乐课程标准（2011年版）解读》中指出："音乐是文化的重要组成部分，是人类宝贵的精神文化遗产和智慧结晶。"[1]通过课堂内外的学习和活动，掌握各种音乐技能和知识，欣赏对比不同地域具有特色的民族音乐之美，聆听来自历史深远的悠扬之声。在学习中带领儿童了解文艺复兴、巴洛克、雅乐、燕乐等不同国家、不同时代的民族音乐文化，传承各个历史阶段人类音乐文明的发展，吸纳优秀音乐文化，提高儿童审美情趣；在学习中通过聆听音乐会，观看纪录片、话剧，参观大戏院等方式，感受音乐多元性，体验情感共鸣。因此，"灵动音乐"让儿童在广阔的音乐学习中，了解世界和本土文化艺术在不同时代发展中的不同风格。在学习的过程中不断完善审美，提升核心素养综合认知能力，印证了它是多元的音乐。

"灵动音乐"是创造的音乐。创造是音乐灵感激发的动力，创造是音乐学习的重要手段和目标；创造是帮助儿童感受自然、感受生命的方法途径，是音乐学习的灵魂。"灵动音乐"让儿童通过参与多种综合艺术实践创作活动，在学习的过程中，开拓创新，激发创作灵感，体验音乐的乐趣，感悟生活之美；在音乐教学实践中，创造教学要求儿童发挥艺术的特殊功效，采用表情、

---

① 教育部基础教育课程教材专家工作委员会.义务教育音乐课程标准（2011版）解读［M］.北京：北京师范大学出版社，2013：52.

动作、声音、技能等表现音乐，释放心灵的情绪。在已有的音乐技能基础上把节奏、音高通过创编新的乐句组合变成新的旋律，创造新的音响效果。儿童在创造中根据自己的理解为标题音乐或者无标题音乐进行个体或集体创编动作或者音乐故事，让儿童打开思维的大门，进行大胆创新、大胆尝试的合作表现。"灵动音乐"面向全体儿童，引导他们在音律的世界去找寻属于自己的创造空间，用动作、语言、声音、节奏等各种形式，表现自己对音乐的理解和对艺术的感知，形成个人音乐独特的思考，所以创造是它的灵魂。

"灵动音乐"是综合的音乐。音乐是综合的艺术、时间的艺术、空间的艺术。它综合了美术、戏剧、语言、表演等各学科，既是跨界整合，又是儿童创造表现的空间艺术形式。"灵动音乐"为各个学科之间搭建了融合的平台，让儿童看到更广阔的空间。音乐是艺术重要的组成部分，它与各领域文化密切关联，使得此课程与其他学科课程之间可以相互融合。音乐课程关注学科综合的原则，把感受、欣赏、表现、创造等教学的各方面结合起来，让儿童参与综合体验。"灵动音乐"是综合的音乐，能通过吟诵古诗词来加深对诗歌意思的理解，更好地感受韵律美和意境美；能通过节奏、节拍、和声与数学的数量概念结合，拓展逻辑思维；能通过强有力的旋律感、节奏感让广播操、韵律操更为规范，动感四射；能通过听觉与视觉的结合，让音乐和美术相融合，更加形象深刻地理解艺术作品；能通过各种节日让儿童参与表演创造，学会与人沟通，例如在戏剧节中学习舞台布置、服装搭配、道具化妆、创作剧本，了解人物性格，提高各方面综合能力。

"灵动音乐"是自然的音乐。音乐的行为方式是作为说明其"原本性音乐"的首要特征。原本的音乐是自然的、淳朴的。"灵动音乐"在这里的作用在于，它使儿童成为一个主动者参与其中，而不仅仅是一个聆听者。它面向全体儿童，从儿童本位出发，结合自然、文化、语言、民歌、童谣甚至是方言，开展律动、吟唱、舞蹈、旋律线条、综合性表演等音乐活动，感受音乐带来的快乐，激发学习音乐的潜能。马儿奔跑的哒哒声、潺潺流水的叮咚声、风吹树叶的哗哗声、婉转莺啼的鸟叫声……这些来自自然的声音赋予儿童体验音乐、感受自然的乐趣。这些自然音响让儿童发现并参与创作表现，通过身体原本性内动力，通过视、听、触、嗅，最大限度地调动儿童各个方面的能力，开发儿童的潜能。

涵养美感，探寻多元独特的艺术魅力

一、学科课程总体目标

《义务教育音乐课程标准（2011年版）》对课程总目标的表述为："学生通过音乐课程学习和参与丰富多样的艺术实践活动，探究、发现、领略音乐的艺术魅力，培养学生对音乐的持久兴趣，涵养美感，和谐身心，陶冶情操，健全人格。学习并掌握必要的音乐基础知识和基本技能，拓展文化视野，发展音乐听觉与欣赏能力、表现能力和创造能力，形成基本的音乐素养。丰富情感体验，培养良好的审美情趣和积极乐观的生活态度，促进身心的健康发展。"[①]我们依据《义务教育音乐课程标准（2011年版）》制定了学校音乐课程的总体目标，即儿童通过"灵动音乐"课程学习，具备一定的音乐技能知识和音乐素养；能主动参与音乐创造体验，培养儿童积极健康的生活态度、高尚情操、友爱精神；能通过欣赏优秀音乐作品培养儿童对多元文化的理解，尊重艺术理解文化多样性；能通过系统学习传统音乐文化，热爱传承优秀中华文化，培养新时代具有向善向美的艺术审美。下面我们将从"情感态度与价值观""过程与方法""知识与技能"三个方面来阐述"灵动音乐"课程目标。

（一）情感态度与价值观

儿童是课程活动的主体，在音乐教育中要体现音乐教育的本质情感审美，通过开展音乐看、听、唱、跳、演等各个方面不同的体验、感受、鉴赏

---

① 教育部基础教育课程教材专家工作委员会.义务教育音乐课程标准（2011版）解读［M］.北京：北京师范大学出版社，2013：33.

活动，培养儿童的审美感知、审美情感。开设增强儿童的音乐鉴赏能力的课程，培养儿童学习音乐的兴趣。把学习音乐的终极目标从"学习音乐知识"转移至"学习体验音乐"，使儿童的情感受到感染和熏陶，建立孩子对美好事物的关注，以情感人，以美育人。审美体验是一个内化的过程，要从积极引导兴趣入手，让儿童亲身参与体验，在学习音乐知识、参与音乐体验的过程中，逐步培养审美能力。通过歌唱、舞蹈、戏剧等方式让儿童在潜移默化中提升品位，养成高尚、健康、积极的艺术欣赏能力。在欣赏、体验作品的同时，理解多元文化的风格，对比不同时代文化背景下的艺术表现形式。为提高儿童审美体验，学校开设"稻香歌剧院""电影之声""金色大厅""雅韵声歌""大自然的歌"等活动课程，培养儿童会听、能听、爱听的音乐能力，提升对艺术的品位。

（二）过程与方法

重视儿童参与过程，强调在培养儿童自信歌唱、演奏能力和综合性艺术表演能力的过程中，通过音乐实践活动促进儿童能够用音乐的形式表达个人的情感并与他人沟通、交流。在体验、模仿、探究、合作的基础上，培养儿童敢于创造、乐于创新的精神。在音乐创作活动中要注重培养儿童的内心听觉，启发儿童大胆想象所听到的音乐效果，鼓励儿童能模仿、敢表现，能自制乐器、自编律动短句和节奏旋律；注重开发以儿童潜能培养为目的的即兴音乐编创活动，如"自制小乐器""手指歌""词花花""我的'Music'""小小作曲家"等；在欣赏学习音乐作品时，鼓励儿童运用音乐材料进行创作，举行"稻小好声音""我最响亮""星光大舞台""舞动精彩""稻香花戏楼"等实践和节日类课程，给予儿童一个表现创造的舞台和载体，让儿童释放活力。

（三）知识与技能

学习并掌握基础音乐表现能力，理解对乐器、人声、音色、节奏、合唱等音乐文化基础知识。培养儿童用正确、自然的声音演唱，用柯尔文手势帮助儿童生掌握音高旋律，建立听觉感知，学会视唱简谱。教会孩子探索身体律动的奥秘，敢于创造属于自己的音乐和声响。在大量欣赏优秀国内外作品的同时，认识优秀的国内外音乐家的代表作品，了解作品背后的故事，激发对音乐的兴趣，研究音乐与人类生活的关系，了解多元音乐文化。"灵动音乐"开设"音乐与色彩""音乐与图形""世界之声""民歌与民俗""童谣与舞曲""乐器王国"等课程让儿童学习知识、掌握技能。

二、学科课程年级目标

我们既要在课堂上教会儿童欣赏美、发现美，也要交给学生创造美的能力。结合我校音乐课程总目标，我们将"灵动音乐"课程年级目标以单元为主题进行设置。下面以一年级为例，阐述年级课程目标的设计（见表6-1）。

表6-1 合肥市稻香村小学"灵动音乐"稻香一村课程目标

上 学 期	下 学 期
第一课 好朋友 共同要求： 1. 欣赏管弦乐曲《玩具兵进行曲》《口哨与小狗》，感受"好朋友"生动有趣的音乐形象。 2. 演唱歌曲《你的名字叫什么》《拉勾勾》，为歌曲《你的名字叫什么》歌词换名字，并能唱准节奏。 3. 懂得用正确的歌唱姿势来演唱，做到自然放松的状态。 校本要求： 1. 大胆表达，自由说说自己的好朋友。 2. 和新同桌交朋友，并能合作表演。 3. 可以合着管弦乐曲的音乐节奏踏步走，模仿士兵的行进步伐。	第一课 春天 共同要求： 1. 欣赏管弦乐《杜鹃圆舞曲》和歌曲《春晓》，感受音乐中春天的勃勃生机。 2. 演唱歌曲《春晓》《布谷》《小雨沙沙》，唱准歌曲音高节奏。 3. 朗诵歌词《春晓》。 4. 表现春天"雨和风"不同声音特点。 校本要求： 1. 根据音乐情绪和歌词内容自由编创表演。 2. 柯尔文手势学习sol、mi、la并用手势表现《小雨沙沙》的音高。 3. 结合校园节日"音律节"中声律启蒙诗词吟诵，设计音乐律动表演唱《春晓》。
第二课 快乐的一天 共同要求： 1. 欣赏小组曲《快乐的一天》，感受音乐情绪变化所表达的一天中不同时间段。 2. 能用自然的声音，整齐演唱《其多列》《跳绳》，表达歌曲活泼欢快的情绪。 校本要求： 1. 能够根据音乐情绪用动作表达自己对音乐小组曲《快乐的一天》的感受。 2. 根据歌词内容，自己创编动作；为歌曲《跳绳》编一句歌词。	第二课 放牧 共同要求： 1. 聆听钢琴曲《牧童短笛》和捷克斯洛伐克儿歌《牧童》，感受音乐作品速度情绪变化所表现的可爱而有趣的牧童形象。 2. 能够用轻快的情绪完整演唱歌曲《牧童谣》《放牛歌》。 3. 柯尔文手势模唱sol、mi、la。 校本要求： 1. 能选择合适的节奏用双响筒与三角铁伴奏，并在分组展示中配合表演。 2. 聆听中启发儿童联想音乐画面；初步探索双响筒高低音色效果。

上　学　期	下　学　期
第三课　祖国你好 共同要求： 1. 用崇敬的情感欣赏合唱中华人民共和国国歌和器乐曲《颂祖国》。 2. 用自然的声音演唱《国旗国旗真美丽》《同唱一首歌》，表达爱国旗、爱祖国的感情；背唱《同唱一首歌》。 校本要求： 1. 知道国旗、国歌是祖国的象征，知道升国旗唱国歌时应该立正敬礼。 2. 初步感受和体验音乐中的强与弱，乐于和同学一起参与创编节奏和音乐律动等游戏活动。	第三课　手拉手 共同要求： 1. 欣赏歌曲《让我们手拉手》和民间打击乐曲《鸭子拌嘴》，体会音乐中的友谊。 2. 能用完自然优美的声音完整演唱歌曲《雁群飞》《数鸭子》。 校本要求： 1. 用动作表现《让我们手拉手》中的音乐形象。 2. 小组合作能用响板随《鸭子拌嘴》的音乐，模仿鸭子拌嘴的音响效果。 3. 根据歌词内容设计表演动作，分小组展示《雁群飞》《数鸭子》歌表演活动。
第四课　可爱的动物 共同要求： 1. 聆听管弦乐《快乐的小熊猫》、钢琴曲《袋鼠》，感受小动物可爱的形象。 2. 能够用自然的声音唱准歌曲《动物说话》《咏鹅》音高。 校本要求： 1. 培养儿童热爱自然，关爱动物；能根据音乐旋律发展了解故事情节。 2. 能为《动物说话》创编歌词，并边唱边选择该动物特殊代表形态表演动作。 3. 校园节日儿歌节积极参与表演。	第四课　长鼻子 共同要求： 1. 欣赏器乐曲《小象》和低音提琴与钢琴曲《大象》，感受两个作品中大象、小象不同的音乐节奏旋律特点所表现出来的动物形象。 2. 能够用柔美抒情和活泼欢快的声音，演唱歌曲《可爱的小象》《两只小象》两首歌曲，并背唱歌词。 3. 打手号模唱re、do。 校本要求： 1. 欣赏乐曲后，能够选择其作品对应的3拍子和2拍子强弱规律的节奏，跟音乐边听边打拍子。 2. 能够按照图谱要求和小伙伴合作，选择合适的乐器为歌曲伴奏。
第五课　爱劳动 共同要求： 1. 聆听合唱《劳动最光荣》和民乐合奏《三个和尚》，了解音乐中的故事，感受劳动带来的欢快节奏。 2. 能用恰当的情绪和力度，演唱歌曲《洗手绢》《大家来劳动》，学会发声练习。 校本要求： 1. 用动作表现旋律中三个和尚的音乐形象，能跟音乐节奏模仿他们走路、敲木鱼的动作。 2. 边唱歌曲，边运用一强一弱的节拍	第五课　游戏 共同要求： 1. 聆听管弦乐《火车波尔卡》和钢琴曲《跳绳》两首作品，感受音乐活泼欢快情绪，积极参与课堂律动。 2. 能够用欢快活泼的情绪，演唱歌曲《火车开啦》《拍皮球》。 3. 能按照书本中的图谱用双响筒和三角铁为《拍皮球》伴奏。 4. 用象声词做火车开动三声部节奏练习游戏。 校本要求： 1. 能用动作表现《火车波尔卡》中旋律上行

上　学　期	下　学　期
进行拍击。 3. 结合学校劳动课程开展"劳动我能行"比赛。	下行渐强渐弱的变化。 2. 能合作运用三声部节奏，模拟火车开动的音响效果为《火车开啦》伴奏，初步建立多声部音响听觉。
第六课　小精灵 共同要求： 1. 聆听二胡齐奏《小青蛙》和管弦乐《野蜂飞舞》。 2. 通过旋律感受大自然中小动物们的生动生活形象。 3. 能用自然整齐的声音演唱歌曲《小青蛙找家》《小蜻蜓》。 校本要求： 1. 认识响板并探索演奏方法，记住其音色特点并能为演唱歌曲编配伴奏。 2. 能准确说出乐曲《小青蛙》中旋律相同的部分；能用线条或者动作表现《野蜂飞舞》的旋律变化。	第六课　美好的夜 共同要求： 1. 聆听歌曲《摇篮曲》《小宝宝睡着了》，对比中外两首摇篮曲，感受夜的宁静与美好。 2. 能用轻柔自然优美的声音演唱歌曲《小宝宝睡着了》《闪烁的小星》。 3. 能学跳一段恰恰舞，演唱歌曲《星光恰恰恰》。 校本要求： 1. 熟练掌握《闪烁的小星》中音高手势和位置，能用柯尔文手势表现《闪烁的小星》。 2. 能用动作和语言简单描述和表达自己对《摇篮曲》这一音乐题材的感受。 3. 结合音乐在特色节日母亲节为妈妈唱一首歌，用歌声表达对妈妈的感恩。
第七课　小小音乐家 共同要求： 1. 聆听管弦乐《号手与鼓手》、小提琴曲《会跳舞的洋娃娃》和钢琴曲《星光圆舞曲》，分辨钢琴、小提琴独奏和乐器合奏的音色。 2. 用甜美的声音，神气地演唱歌曲《法国号》《快乐的小笛子》并了解法国号、短笛两种乐器的演奏姿势。 校本要求： 1. 能分别用动作模仿音乐中主奏乐器的演奏姿势；用律动表现标题音乐中的艺术形象。 2. 柯尔文手势表示旋律中do、mi、sol。 3. 为歌曲选择正确的强弱规律进行演奏，并能边唱边准确打节奏。	第七课　巧巧手 共同要求： 1. 聆听独唱、合唱《采蘑菇的小姑娘》和管弦乐《铁匠波尔卡》，让儿童感受乐曲中劳动的欢快情绪。 2. 能轻松愉快地表演歌曲《粉刷匠》《理发师》。 校本要求： 1. 选择合适的打击乐器为歌曲伴奏，并用动作模仿乐曲中的劳动形象。 2. 认识乐器沙锤，探索其演奏方法，记住音色特点。 3. 准确用柯尔文手势模唱《理发师》旋律si、do。
第八课　过新年 共同要求： 1. 聆听器乐曲《小拜年》和合唱《平安夜》，感受节日气氛，了解与乐曲相关节日民俗。	第八课　时间的歌 共同要求： 1. 聆听管弦乐作品《在钟表店里》《调皮的小闹钟》，让儿童体会音乐中的钟表形象。 2. 认识串铃，掌握其演奏方法。

上　学　期	下　学　期
2. 能用活泼欢快和抒情喜悦的情绪分别演唱歌曲《龙咚锵》和《新年好》，表达过新年的愉快心情。 校本要求： 1. 随音乐用声势模仿《小拜年》中的鞭炮声、唢呐声和锣鼓声。 2. 聆听《平安夜》时随音乐做身体律动，充分感受歌曲温馨、安宁、祥和的气氛。 3. 复习柯尔文手势do、mi、sol，新学手势re。 4. 了解锣、鼓、镲的演奏姿势及演奏方法，并引导儿童探索不同演奏方法。 5. 乐于通过小组合作方式参与实践与创编活动。	3. 用活泼愉快、自然的歌声，演唱歌曲《时间像小马车》《这是什么》，能看图谱了解旋律上行下行。 校本要求： 1. 对音乐中的钟表声做出反应，用打击乐器和人声表现音乐中钟表的声音。 2. 用打击乐器为歌曲伴奏，并能在分组创编节奏的游戏中，遵守游戏规则与同学们默契配合完成节奏接龙。 3. 打手号模唱旋律。

第三节

发掘潜能，创设载歌载舞的趣味空间

为实现上述课程目标，学校依照《义务教育音乐课程标准（2011年版）》和音乐核心素养的要求，基于"灵动音乐"课程理念，设立了校本音乐与相关文化的"灵动音乐"课程体系，力求让儿童在快乐与灵动中学会感受与鉴赏、表现与创造。

一、学科课程结构

《义务教育音乐课程标准（2011版）》指出："为了凸显音乐课程的美育功能，强调音乐课程的人文属性和对学生创造性潜能开发的课程价值，本标准将原有音乐课程的教学内容，整合为'感受与欣赏'和'表现'两个教学领域，并将原来隐含在教学中的音乐文化知识和分散的音乐编创活动，加以集中并拓展为'创造'和'音乐与相关文化'两个领域。"结合"灵动音乐"学科课程哲学以及儿童发展的特点，我们将音乐课程分为"灵涵于美""灵动于行""灵创于新"和"灵韵流香"四个领域，让儿童在不同的领域里学习美、发现美、创造美、传播美。"灵动音乐"课程结构如下（图6-1）。

（一）灵涵于美

"音乐是一种体验，这种体验是令人愉悦的、实实在在的，它充满情感，富于理性。"[①]"灵动音乐"通过感受与欣赏、学习音乐、创造音乐、表现音乐，让儿童参与其中，感受音韵之美，在音乐中陶冶情操、提升修养。涵养美感

---

① ［美］格雷珍·希尔尼穆斯·比尔.体验音乐［M］.北京：人民音乐出版社，2009：3.

图6-1　合肥市稻香村小学"灵动音乐"课程结构示意图

是一个润物细无声的长期熏陶过程，在欣赏音乐活动中，让每个儿童参与其中，找到适合自己的表达形式。因此，在音乐活动教学中要培养儿童感受音乐，并对音乐产生兴趣，使儿童在音乐中陶冶情操。达尔克罗兹认为音乐的本质在于对情感的反映，人类通过身体将内心情绪转译为音乐。

（二）灵动于行

卡尔·奥尔夫、柯达伊·佐尔丹两位著名音乐教育家指出，音乐是释放天性的教育。奥尔夫的教学体系以音乐律动与人体律动紧密相连。人通过自身的运动，将音乐律动转化为身体律动，并感受为情绪律动和人体律动，也可以将内心的情绪转化为音乐律动。在奥尔夫看来，"音乐出于动作，动作出于音乐"（out of movement, music；out of music, movement）。[1]音乐是情感的艺术，在音乐教学中，音乐表现是艺术呈现教育成果的最直接途径，

① 李妲娜，修海林，尹爱青.奥尔夫音乐教育思想与实践［M］.上海：上海教育出版社，2011：38.（转引自台湾《奥福》教育年刊第一期，第36页。）

音乐教育不仅仅是一种技能的学习，更是儿童释放天性、解放思维的教育。在"灵动音乐"中按照年级和季节设置了舞蹈、歌唱、器乐、戏曲和音乐欣赏等各种各样的音乐表现活动，让儿童能在不同的季节、不同的舞台、不同的空间以及不同类别的音乐活动中展示自我、表现自我。同时要抓实课堂，让儿童敢唱、敢演、敢表现，在音乐中释放天性。

（三）灵创于新

"灵动音乐"通过有趣的音乐课堂、音乐活动、音乐节日、音乐实践，让儿童积极参与，和小伙伴们一起合作、探究、创造，用他们自己喜欢的艺术表达方式来展示，手、眼、脑和身体各部分一起配合，提升学习的趣味性；通过有趣、益智的音乐引导儿童主动参与学习，开阔儿童思维，体现出人和音乐的本能关系。我们知道很多科学家都有音乐特长和爱好，因为音乐可以锻炼思维的灵活性和创造性。正因为如此，引导儿童参与音乐活动重要的实施手段就是趣味的音乐。

（四）灵韵流香

音乐不是一门独立的学科，它总是伴随着历史政治人文的发展，从一段音乐中我们能感知当时的社会历史和人文。"灵动音乐"通过了解中外艺术家、中西乐器、民歌民俗等板块，让儿童了解和热爱祖国的音乐文化，培养其爱国主义情怀；通过学习世界上其他国家和民族的音乐文化，拓宽他们的审美视野，增进对不同文化的理解、尊重和热爱。让"以音乐审美为核心"的基本理念，贯穿于音乐教学的全过程，在潜移默化中培育儿童美好的情操和健全的人格。醇香的文旅音乐、多元音乐让音乐教育历久弥香，把文化和多元艺术、社会发展相结合，通过音乐看世界，通过音乐了解和传承中华传统文化。

二、学科课程设置

"灵动音乐"依据音乐的育人目的，遵循儿童身心认知发展规律，通过综合的体验式教学，让学生体验感知学习音乐，不仅在于知识、技能的传授，更体现在启迪、激励、呼唤、感染和净化等效应上。除了基础课程之外，根据课程标准要求，结合我校音乐课程总目标和1—6年级的学情，我们将音乐课程设置如下表（见表6-2）。

表6-2 合肥市稻香村小学"灵动音乐"课程设置表

村落		灵涵于美		灵动于行		灵创于新		灵韵流香
稻香一村	上	童声乐韵	利用身边物品创造声音	律动欢歌	《杜鹃圆舞曲》《春晓》	音律启蒙	音的长短与强弱《洗手绢》《劳动最光荣》	博古通音	年的民俗知识《小拜年》《龙咚锵》
	下		听辨打击乐器音色 锣鼓镲		《小雨沙沙》《火车开啦》		打击乐器音色与节奏《这是什么》《调皮的小闹钟》		柯尔文手势《时间像小马》《在钟表店里》
稻香二村	上	趣味音响	生活中的声音《夏天的阳光》《小麻雀》	欢乐音符	律动表演《母鸡叫咯咯》《小鸡的一家》	声势表演	小乐器分类《森林水车》《唢呐配喇叭》	节日欢歌	节日的歌《过新年》《小拜年》
	下		旋律线条《蜜蜂》《蝴蝶》		律动歌唱《吉祥三宝》《我是人民小骑兵》		力度记号和反复记号《三只小猪》《音乐小屋》		民族民间舞蹈《金孔雀轻轻跳》《新疆是个好地方》
稻香三村	上	余音袅袅	速度与音高《我是草原小牧民》《赛马》	嘹亮歌声	有感情地演唱《妈妈的心》《四季童趣》	星光舞台	演唱与表演《四季童趣》《桔梗谣》	乡音乡情	外国儿歌《原谅我》《噢！苏珊娜》
	下		人声的分类《帕米尔，我的家乡多么美》《在那桃花盛开的地方》《小巴郎，童年的太阳》		音乐会《我们是小音乐家》《嘹亮歌声》		发声与记号《嘀哩嘀哩》《顽皮的杜鹃》《柳树姑娘》		我的家乡《山里的孩子心爱山》《杨柳青》《祖国祖国我们爱你》
稻香四村	上	绘声绘色	音乐滑滑梯《牧歌》《陀螺》	南腔北调	方言歌曲《故乡是北京》《杨柳青》	演奏达人	快乐口风琴《大家来唱》《哦，十分钟》	梨园荟萃	中国戏曲1 京剧、黄梅戏 京剧行当、角色 黄梅戏《看灯》
	下		听辨音色《彼得与狼》《白桦林好地方》		演唱大不同《洪湖水浪打浪》《摘石榴》		竖笛do re mi《西风的话》《小溪流水响叮咚》		中国戏曲2 京剧、庐剧《十八相送》《校园小戏迷》
稻香五村	上	中西合璧	中西乐器 古筝 马头琴 小提琴 短笛 单簧管 小号	齐音合力	合唱与指挥《堆雪人》《雪花带来冬天的梦》	绘形创奏	创编节奏《丰收锣鼓》《故乡的小路》	艺术人生	外国音乐家 格里格 莫扎特

村落		灵涵于美		灵动于行		灵创于新		灵韵流香
稻香五村	下	中西合璧	中外歌曲《打起手鼓唱起歌》《真善美的小世界》	齐音合力	合唱与表演《铃儿响叮当的变迁》《田野在召唤》	绘形创奏	图形谱《致春天》《春到沂河》	艺术人生	中国音乐家马思聪郎朗
稻香六村	上	乐声飞扬	外国剧院《图兰朵》《茶花女》	民族之声	歌声悠扬《茉莉花》《小河淌水》《转圆圈》	世界之声	西洋乐器分类弦乐　木管铜管　键盘打击乐器	交响音画	走进交响乐《波斯市场》《迪克西岛》
	下		民歌剧院《兰花花》《白毛女》		多彩民歌《赶圩归来啊哩哩》《我抱着月光，月光抱着我》		音画世界《魔法师的弟子》《爱是一首歌》		电影音乐《滑雪歌》《两个小星星》

第四节

润物启迪，开启醇美特色的音乐之旅

《义务教育音乐课程标准（2011版）》指出："教师要深入领会课程的基本理念，以音乐为本，以学生为本，全民实现课程价值和课程目标。"

为了落实"让音乐文化滋养儿童美好心灵"核心素养引领儿童感知音乐的醇美，让儿童体验、发现、创造、表现和享受音乐。通过学习中外音乐文化，拓宽他们的审美视野，增进对不同文化的理解、尊重和热爱。以审美为核心的基本理念，贯穿于音乐教学的全过程，在潜移默化中陶冶儿童情操，健全儿童人格。结合学校自身优势，"灵动音乐"课程的实施主要从以下五个方面入手：打造"灵动课堂"、设立"灵动音乐节"、创建"灵动社团"、参加各级"灵动赛事"、选拔"灵动小主播"。

一、打造"灵动课堂"，让儿童乐享灵动

"灵动课堂"是在我校"醇香教育"的基础上建立的具有原本性音乐学科的特色课堂。"灵动课堂"是儿童释放天性的课堂，是儿童提升审美的课堂，是儿童享受生命滋养的课堂。

（一）"灵动课堂"的内涵

1. 灵趣 "灵动课堂"以感受和体验为引导，让儿童乐于在音乐中快乐体验、释放天性。教师在课堂中创设主题音乐学习情境，用适合儿童的活动、音响、声势让儿童感同身受，融入其中体验音乐的趣味，从而爱上音乐并能够在课堂中主动参与体验，热爱生动活泼的课堂。在儿童心里种下一颗小小的音乐种子，伴随他们生命成长，让音乐与他们相伴相随。

2. 灵巧 "灵动课堂" 内容的设置符合儿童心理和认知。以儿童为主体，尊重儿童的体验和感受，用欣赏、律动、创编、表演等多种形式，以及多样的音乐艺术活动让儿童进行实践、体验和探究学习，使其在课堂中形成独立思考的习惯；在学习过程中教师运用多种方法进行引导学习。

3. 灵创 "灵动课堂" 旨在激发儿童创造能力。让儿童通过大胆创造释放天性、开阔视野、提升对生活的感悟，培养儿童在各领域的创新思想和创造能力，引导儿童发现生活中的音响，体验音乐创作带来的快乐和美好；让儿童通过节拍、节奏、音律、唱奏、欣赏和综合艺术的表演形式，寻找适合自己的方式创造声音、体验音乐、提高审美、乐于思考、敢于创新。生活处处有创造，创造处处有音乐，音乐处处有童年。

4. 灵韵 "灵动课堂" 能够综合拓宽儿童的音乐学习内容。通过了解各民族、各地域音乐文化的同时，增强民族文化自信，传承优秀传统文化。在多元的课堂中感受中外文化，汲取各民族文化智慧，形成具有开阔视野、博大胸襟的中国少年精神。

（二）"灵动课堂" 的实施与操作

以聆听欣赏、唱游律动、编创演奏为课堂载体，组织教师积极学习研读国内外先进的教学理念和依学定教的方法推进课堂教学；让儿童在课堂上敢于创造创新，乐于传承发扬优秀文化；把音乐技能和音乐文化的传承，通过阶梯式递进的方式，循序渐进打造 "灵动课堂"。

1. 灵动音乐欣赏课整体范式

第一阶段：创设情境，激趣导入

上课前的组织教学非常重要，师生的相互问候既是情感的交流也是儿童注意力的集中。良好的开端是成功的一半，音乐课的新课导入虽然不是教学的中心环节，却是通向赏析新作品的桥梁，起着承上启下的作用，是科学诱导积极启发儿童主动学习新课的必不可少的环节之一。此阶段所采取的主要教学方法有：故事导入法、情境图片视频导入法、启发谈话法、音乐导入法、预留悬念式导入法、开门见山式导入法、设问式导入法、复习导入法等。

第二阶段：新作赏析，感知体会

新作赏析、感知体会，是音乐欣赏课中新授的重要环节。为了达成教学目标，完成教学任务，教师必须通过各种教学方法激发儿童学习的能动性、引导儿童自主学习、培养儿童的音乐感受与鉴赏能力。新授的过程一般分为三个步骤：

（1）初次聆听（整体感知）：在初次聆听、整体感知的过程中，遵循"以听为中心"的原则，通过初听全曲对作品进行整体感知，初步感受作品的情绪、音乐情境，同时分辨演奏形式及主奏乐器，简单了解作者及创作背景等，使儿童对作品有个初步的了解。

（2）分段赏析（走进音乐）：分段赏析、走进音乐，是引领儿童合作探究的重要环节，通过分段聆听对作品进行细致欣赏分析；通过聆听体验根据情绪、音乐要素等的变化，判断曲式结构、作品表现内容等；通过聆听、视唱、模奏、演唱、演奏等方式，记忆作品的典型节奏和主题音乐。

（3）再次聆听（体会内涵）：在儿童分段细赏的基础上，进一步完整欣赏作品，把握作品的风格流派，感知作品的体裁特点，同时能够积极参与音乐体验，充分体会音乐内涵，发展儿童的音乐创造力和想象力，从而培养儿童良好的听赏和审美能力。

第三阶段：理解体验，创编实践

这是欣赏课教学必不可少的一个环节，目的是通过创编各种音乐活动，深化本课的主题，同时也是主题音乐及音乐知识的进一步巩固和积累，为儿童全面提高音乐素养和审美能力打下基础。小学音乐欣赏课教学模式此阶段所采取的教学方式有：辨听、演奏或演唱主题音乐、听音乐判断体裁、听音乐判断乐器以及音乐知识（包括音乐基础知识及和作曲家、作品相关的知识）、抢答竞赛等。

第四阶段：拓展延伸，小结升华

本环节根据教学内容基本可采用拓展欣赏（创造活动）和课堂小结两个步骤来进行。

（1）教学内容的拓展是指在教材原有知识的基础上，选取教材之外的具有一定审美价值的作品，来充实教学内容，开拓儿童的视野，丰富儿童的情感体验，加强对音乐内涵的进一步理解与感悟。拓展欣赏的内容包括，同体裁作品音乐欣赏、同作曲家音乐作品欣赏、同种乐器音乐作品欣赏、同民族或地域音乐作品欣赏等。

（2）课堂小结可以帮助儿童梳理、回顾本节课所学的主要知识点，可以起到备忘录的作用。课堂小结的方式有多种，可小结本课知识点，也可适时小结方法，还可由教师提出启发性的问题让儿童自己小结，甚至也可针对作品对儿童进行情感延伸、德育渗透，这在教学中起着举足轻重的作用。

2. 灵动音乐课堂编创活动整体范式

第一阶段：游戏导入，引发兴趣

同学们对歌曲的掌握已经很熟练了，让我们一起为歌曲（乐曲）作一些创编。

一般创编类型有创编新的歌词、加入动作、加入打击乐器伴奏、加入声势。或通过游戏的方式创编，如男女比赛演唱、小组对唱或者由教师随机指哪一组进行演唱（这个游戏要求对歌曲掌握很熟练）。或者通过演唱形式进行创编，如轮唱、加入简单的二声部演唱或者加入一些符合音乐风格的衬词或者歌词。

第二阶段：灵动想象，创编歌曲

（1）创编新的歌词：比如二年级《新疆是个好地方》，可以让儿童介绍一下自己的家乡，或者介绍自己了解的地方。通过这种形式不仅让儿童能够了解家乡，了解祖国的地域风光，更能增强儿童热爱祖国、热爱家乡的情感。

（2）加入动作：可以通过对歌词的理解加入动作，也可以根据歌曲的风格加入民族舞蹈的代表性动作，如新疆舞的晃头移颈、拍掌弹指，藏族舞蹈的齐眉晃手、晃盖手等。

（3）加入打击乐器：可以选择合适歌曲的打击乐器，如双响筒、响板、碰铃、木鱼、三角铁、沙锤、堂鼓、镲、锣等，教师可根据乐器发声的长短自行创编节奏，一方面让儿童认识乐器音色和击打方式，另一方面让他们通过这样的游戏学会合作。

（4）加入声势：教师可以根据歌曲的强弱规律，加入拍手、胸口、腿、屁股、响指、跺脚这样的方式，让儿童发现身体也是一个小乐器，更加喜欢自己。

（5）游戏创编：教师可根据难易程度进行选择，或者层层递进：男女比赛、小组对唱或者随机指唱。可以在黑板上标注每个小组的名称，获胜的小组可以进行标注，增强儿童的积极性。

（6）演唱形式：轮唱，教师可根据不同的歌曲，选择在几拍后加入。合唱，一年级可以在结尾加入和声，二年级可以加入片段和声，三年级开始书本上就有了合唱曲。因此，低年级的合唱形式为以后打下了基础。

（7）加入衬词：说唱形式的"呼"和俏皮的"啦啦啦"，或者在长音后面加入重复词。如一颗星、两颗星、三颗星……

第三阶段：巩固加强，课堂小结

总结上课重点内容，并再次完整演唱或表演歌曲，以加深和巩固儿童的记忆。

3. 灵动音乐课堂歌唱学习整体范式

第一阶段：多样导入

导入的形式是多种多样的，不能拘泥于一种形式。其中利用声乐的魅力导入新歌是行之有效的方法。如创设情境导入、谈话导入、游戏导入、故事导入也能激发儿童学习音乐的兴趣。

第二阶段：发声练习

这个环节既要注意避免专业化倾向，又不能忽视它的作用。发声练习与呼吸训练、听音、视唱等技能有机地渗透在教学之中。通过视唱练习，使儿童掌握歌曲旋律，培养儿童视唱歌曲的音高、音准能力。此环节可以让儿童视唱音阶，从新课歌曲中提取骨干音组成旋律视唱，也可以用新课歌曲中的部分旋律作为练声曲目，形式可以多样。根据学生的音乐素养的特点有针对性地练习。在这个环节就要注意强调儿童的歌唱姿势和声音状态的要求。

第三阶段：学唱新歌（至少听五遍，每一遍要有不同的要求）

学唱新歌是唱歌教学的中心环节，包括教师的范唱、视唱曲谱、学唱歌曲、歌曲处理等内容。特别要重视歌曲处理，这是培养和发展儿童音乐思维的手段。儿童通过音乐思维获得良好的乐趣，获得深刻的情感体验，这样才能更好地去表现音乐。

（1）对于听歌的方法：每一遍听都要带着任务和问题来听，不能泛泛地听。既可以是录音，也可以是教师的范唱。如第一遍听时教师可以提问：这首歌曲的音乐情绪是怎样的？你听完以后心情怎样？有什么样的感受？……儿童听完后可以踊跃地回答问题。第二遍听时可以提问，如这首歌曲的速度或节奏等问题。每一遍聆听都要解决一个问题。

（2）新歌的教唱方法：聆听和教唱可以有机结合进行。我们通常不要在教唱新歌曲时打断歌曲的完整性。学生在初次接触歌曲时可以试着小声哼唱旋律，如用"Lu""La""U"等母音模唱旋律，这样儿童更容易掌握歌曲的音准。儿童熟悉旋律后可以加入歌词。在整个教唱过程中要把握好歌曲的教学重点和教学难点的处理，设计活动有序地穿插和进行，不要有太明显的痕迹。

第四阶段：情感升华

歌曲处理要有深度，逐句逐段加以分析。带有感情来歌唱，注意面部表情以及身体语言的变动，感受音乐之优美。在此环节，可以给儿童设计活动或是舞台的形式进行音乐表演或是音乐竞赛。注意儿童对歌曲演唱的评价。

第五阶段：综合表演

在基本掌握新歌的基础上，可以用多种形式的方法演唱。如独唱、齐唱、小组唱、分排唱，还可以与其他教学内容相结合（放歌曲音乐欣赏、用乐器演奏歌曲等），与非音乐手段相结合（简介词曲作者、创作背景、影像资料等），增强对歌曲的感受和理解。还可以师生互动，生生互动，更好地挖掘音乐内涵。此环节应注意，教学拓展与本课歌曲的关联度，需在一定的关联度的基础上，对本课内容做音乐多元化的拓展，同时也开阔儿童的音乐视野和音乐审美。

第六阶段：归纳拓展

归纳本节课所学内容，哪些内容儿童掌握了，哪些内容有待于复习巩固，语言要简明扼要，并对此课进行简单地升华处理。

（三）"灵动课堂"的评价标准

依据合肥市稻香村小学醇香课堂的评价，从灵趣、灵巧、灵创、灵韵四个方面设计"灵动课堂"评价量表（见表6-3）。

表6-3 合肥市稻香村小学音乐"灵动课堂"的评价表

评价项目	评 价 内 容	评价等级 （三色叶子）
灵趣	1. 课堂设计有趣，设计紧扣教学内容，能激发儿童学习兴趣，能用律动活动组织教学； 2. 语言得体流畅，语音、语调、节奏自然； 3. 教师主导、儿童主体并能积极参与音乐活动。	
灵巧	1. 课堂活动形式多样有效，因材施教，对不同层次的儿童有不同的要求； 2. 师生交流亲切自然，彰显平等、民主、和谐的学习气氛。	
灵创	1. 歌唱和聆听教学要求，儿童能够积极参与，儿童自学、小组创作，突出儿童的主体地位，发挥教师的引导作用； 2. 恰当运用小乐器辅助教学，增加课堂创作趣味性； 3. 拓展编创学会运用，儿童能运用本课所学节奏、乐句等进行表演； 4. 参与面大，表演兴趣浓厚，思维活跃，大胆、大方展示。	
灵韵	1. 对音乐文化有更深刻的理解，促进儿童对多民族地域文化的理解，树立传承发扬优秀传统文化信念； 2. 评价语言丰富，有学科艺术性，评价形式新颖、激励性强，营造公正积极的课堂氛围。	
简评		

二、设立"灵动音乐节"，丰富课程内涵

以节日为途径，有主题、有内容地开展"灵动音乐节"活动，给全体师生提供分享、交流的平台，丰富课程内涵的同时，为校园文化增添了色彩。

（一）"灵动音乐节"的内容

"灵动音乐节"是音乐课程中的节日课程，以学科节的方式贯穿全年，以节日的形式拓宽儿童对音乐的了解，在节日中感受传统文化的魅力。通过一项项形式多样、内容丰富、精彩纷呈的活动，儿童开拓了视野，学会了合作。

（二）"灵动音乐节"的活动设计

依据《义务教育音乐课程标准（2011版）》为主旨，结合学校具体情况，我们分时间、分年级、分内容、分课程设计了丰富多元的特色节日课程（见表6-4）。

表6-4　合肥市稻香村小学"灵动节日"课程安排表

时间	年级	特色节日	实　　施	课程名称
一月	一上	儿歌节	每班自选主题完整表演儿歌	儿歌趣多多
二月	一下	音律节	声律启蒙（语文学科融合）加音乐律动表演	随音而动
三月	二上	动画节	讲述动画故事推荐动画歌曲欣赏	有声有画
四月	二下	童声节	自选一首声乐作品进行演唱	我是小歌星
五月	三上	母亲节	欣赏学唱一首表现母爱的作品	感恩的心
六月	三下	国风节	演唱经典古诗作品并介绍诗词背景、作者等	国乐飘香
七月	四上	合唱节	表演双声部及以上合唱作品	一起歌唱
八月	四下	舞韵节	自选主题进行舞蹈表演	舞动稻香
九月	五上	红歌节	讲红色故事传唱红色歌曲	红星闪闪
十月	五下	乐器节	进行各种器乐项目表演	丝竹共赏
十一月	六上	影音节	介绍或者推荐一部电影的主题曲或插曲欣赏	荧屏之声
十二月	六下	戏曲节	民歌、戏曲知识讲解或表演	稻香花戏楼

（三）"灵动音乐节"的评价要求

"灵动音乐节"采用综合评价法进行评价，从活动的主题、内容、形式、过程以及效果得出评价结果，评价结果分红叶子、黄叶子、绿叶子三个等级。红叶子表示优秀；黄叶子表示良好；绿叶子表示合格。在活动后，教研组进行教研会议，归纳活动亮点并提出建议，再调整下一次的活动方案。这样活动才能够不断完善，常换常新。

三、开展"灵动赛事"，激发儿童创作

（一）"灵动赛事"的主要做法

一年一度的"灵动赛事"以比赛互动的形式给予全校儿童充分展示发挥的舞台和空间。比赛是提升儿童艺术体验参与能力最有效的途径，以赛事拓宽音乐的学习途径，以活动促进"灵动音乐"的课程实施。让儿童在赛事中树立理想、展示自我，不断提高自身艺术修养（见表6-5）。

表6-5　合肥市稻香村小学"灵动赛事"活动表

名　　称	类　　型	参与年级
童心向党	合唱比赛	1—6年级集体
我最"响"亮	器乐比赛（西洋、民族）	1—6年级个人
舞动精彩	舞蹈比赛	1—6年级个人、集体
声韵悠悠	歌唱比赛	1—6年级个人
稻香戏韵	戏曲比赛	1—6年级个人
"我演我精彩"戏剧节	戏剧比赛	1—6年级个人
Rap大赛	说唱比赛	1—6年级集体

课程样例

"童心向党"校园合唱节比赛方案

一、指导思想

今年是中国共产党建党100周年，为进一步加强爱国、爱党、爱校教育，丰富校园文化生活，陶冶儿童高尚情操，为儿童创建艺术实践舞台，丰富儿童课余文化生活，提高儿童的艺术表现力、创造力、鉴赏力和审美能力，促进学校合唱水平的提高，让孩子们用歌声向建党100周年献礼。做到"班班有歌声、人人都参与"，促进学校艺术教育活动的普及和提高。在第十八届校园文化艺术节到来之际，组织稻香村小学合唱比赛活动，营造和谐向上、健康文明的校园文化氛围和艺术教育环境。

二、参赛对象

全校儿童

三、比赛内容

1. 比赛演唱2首歌曲：一首校歌《皖韵稻香》，一首自选歌曲；

2. 自选歌曲主题：歌颂党、歌颂祖国，符合儿童认知，歌词内容积极向上，时间不超过5分钟；

3. 伴奏：现场钢琴伴奏或伴奏音乐（伴奏不能有原唱否则扣5分）；

4. 各班级合唱队设儿童指挥一名。

四、评分标准

1. 歌曲内容思想健康积极向上、符合活动主题；

2. 演唱节奏准确，音准良好，音色优美，吐字清晰；

3. 合唱队员着装整齐，精神饱满；

4. 参赛队遵守赛场纪律，进、出整齐有序，台风良好；

5. 演唱形式丰富，符合小学阶段儿童的认知表现，歌曲表现完整。

五、比赛要求

1. 各班级全员参与；

2. 比赛中有关配乐、服饰、道具等器材由各班级自备。

六、比赛地点

一楼礼堂

七、比赛时间

5月20日—5月25日

八、奖项设置

1. 计分方式：比赛采用十分制（起评分7.5分），采取去掉最高分、最低分，取平均分（保留两位小数）为最终成绩；

2. 评奖：3∶3∶4的比例评选出一、二、三等奖，并双倍积分记入各班艺术节总成绩，评出"最佳指挥"奖10名（个人）。

九、其他事宜

评　委：外请专家和本校音乐教师

主持人：主持人大赛优秀选手

音　响：音乐组

（备注：比赛当天按抽签顺序，各班提前10分钟到达候场区，会在QQ群报告比赛进度）

（二）"灵动赛事"的评价要求

表6-6　合肥市稻香村小学"灵动赛事"评价表

评价项目	评价要点	价值目标	任务要求	效果或成果呈现方式	评价等级		
					红叶子	黄叶子	绿叶子
合唱（集体）	团队合作默契，声音和谐统一	愿意与别人合作，与成员共同呈现节目，有较好的表现力。	汇报表演	评价表、汇报表演、评比结果、视频及图片资料			
器乐（个人）	相关的乐理知识，正确的演奏方法	培养学生掌握所学乐器的演奏方法，并能参与歌曲、乐曲的表现。	教师面测				

评价项目	评价要点	价值目标	任务要求	效果或成果呈现方式	评价等级		
					红叶子	黄叶子	绿叶子
舞蹈（个人、集体）	良好的基本姿态，身体动作与音乐的协调配合	培养儿童坐、立、行走的良好习惯和随乐动作时的韵律美。	表演面测	评价表、汇报表演、评比结果、视频及图片资料			
歌唱（个人）	专业技能的掌握	培养儿童正确的歌唱姿势、自然地发声，按节奏和音调富有表情地歌唱。	教师面测				

注：总分值结果分评价结果分红叶子、黄叶子、绿叶子三个等级。红叶子表示优秀；黄叶子表示良好；绿叶子表示合格。

"灵动音乐"以儿童为主体，尊重儿童的体验和感受，用多种形式、多样化的活动、实践、体验、探索学习，让每个孩子都有充分绽放自己的机会，个性得以舒展；让孩子们有或团体或个人的体验和参与的经验；让孩子们徜徉在艺术海洋，与音为伴、与乐为友、乐于参与、主动创造；让童年生活充满快乐和醇香。这是"灵动音乐"对"稻小"学子的浸润和滋养！

四、创建"灵动社团"，丰盈音乐体验

"灵动社团"把音乐与相关文化的推进融合做好年段分层，让艺术滋养有目标可循，有内容可实践。

（一）"灵动社团"的主要类型

我校创建了"稻香花戏楼""鼓韵社""电影之声"等众多优质音乐学习社团。"灵动社团"为儿童们提供多样化、个性化的自由展示空间，舒展个性，让儿童像个个跳动的音符，在丰富的社团活动中谱写新歌。

（二）"灵动社团"的实施

"灵动社团"具体实施的安排表如下（见表6-7）：

表6-7　合肥市稻香村小学"灵动社团"安排表

所 属 村 落	课 程 名 称
稻香一村	童声小乐队
稻香二村	儿童舞蹈

所 属 村 落	课 程 名 称	
稻香三村	竖笛	舞韵
稻香四村	鼓韵	合唱
稻香五村	体育舞蹈	口风琴
稻香六村	稻香花戏楼	

"童声小乐队"社团通过教会儿童正确地发声，学会自然地歌唱；通过歌唱培养儿童的音乐表现能力。在学唱不同速度、节奏的歌曲时，让儿童感受音乐所要表达的情绪；在歌唱中培养儿童的乐感，在音乐演唱中陶冶情操。

"儿童舞蹈"社团通过规范的肢体动作训练，促进儿童的身心健康发展，有效地提高他们的身体协调性、灵敏度和音乐节奏感。舞蹈学习有利于培养儿童鉴赏美，欣赏美，感受美的能力，促进儿童良好的个性心理素质的发展。舞蹈训练还能锻炼孩子们的意志，增强儿童持续坚持的毅力精神。

"竖笛"社团通过认识简谱，掌握八孔竖笛的正确演奏手法和姿势，帮助儿童建立良好的音感基础。竖笛演奏可以独奏、重奏、齐奏，在配合演奏的过程中，通过互动式学习培养儿童合作交流的能力，发展儿童听觉，帮儿童解决音乐学习中音准音高的问题，丰富了儿童音乐学习的技能。

"舞韵"社团主要培养儿童舞蹈技能，通过基本功训练和中国舞身韵组合练习，提高儿童身体协调性与审美能力，培养学习舞蹈的兴趣；通过社团活动增加了儿童对中国舞蹈艺术的理解。在学习排练的过程中，团体的配合表演能让儿童大胆自信地表现自我，展示自我，并在集体中协调配合，互相合作。

"鼓韵"社团让儿童认识传统民族乐器大鼓，并掌握其正确的演奏姿势。学习大鼓能帮助儿童建立良好的节奏感，强化音乐学习中的各种节奏型，丰富学生的音乐世界，训练儿童听觉能力。打鼓具有丰富多样的演奏方式、表现形式，在学习表演中锻炼了儿童之间的合作表现能力。咚咚的鼓声节奏明快，能很好地释放情绪，培养自身气质。

"合唱"社团通过规范的声音训练，掌握正确的发声方法。在学习中通过视唱、练耳、练声的训练，帮助儿童建立良好的乐感、听力和控制声音气息的能力。合唱的各个声部之间相互联系，相互配合，培养儿童相互倾听的习惯、建立立体多声部的听觉系统，帮助儿童在团队合作交流中提升修养陶冶情操。在丰富儿童第二课堂的同时，又能发展儿童的专长和技能。

"体育舞蹈"社团是艺术与体育相融合的运动项目社团，类型多样，音乐情绪节奏多变，非常适合儿童学习。体育舞蹈社团通过欣赏国标、桑巴、伦巴等舞种了解多元世界文化。儿童跟随有节奏的音乐，练习体育舞蹈步伐，不仅可以锻炼身体的协调性、柔韧性，也可以提升气质锻炼体魄。

"口风琴"社团教儿童认识键盘、简谱和线谱，学习正确的吹奏手法和姿势。通过口风琴的学习可以增加儿童的艺术体验，在学习读谱的过程中理解认识音级、音程、和弦等乐理知识；在学习弹奏的过程中让儿童尝试音乐节奏旋律的创作实践，接触多声部音乐旋律；在各种配合演奏表演的过程中培养儿童的合作交流，提高和丰富儿童音乐学习的基本技能。

"稻香花戏楼"社团通过赏析描绘脸谱，欣赏聆听戏曲片段，学唱经典戏剧选段，让儿童了解中国戏曲表现形式唱、念、做、打，了解戏曲人物行当生、旦、净、丑。在学习传统中继承发扬优秀中华传统文化，增强儿童文化自信。

（三）"灵动社团"的评价要求

表6-8 合肥市稻香村小学"灵动社团"学生评价表

社团名称： 辅导教师： 实施时间： 姓名：

评价项目	评 价 标 准	评价结果（三色叶子）
情感态度	1. 参与活动及表现	
	2. 提出活动的设想、建议	
	3. 克服困难和挫折	
合作交流	1. 帮助同学	
	2. 倾听同学的意见	
	3. 对社团的学习贡献	
实践能力	1. 会用多种方法搜集、处理学习信息并作用于自己的学习过程	
	2. 对音乐的兴趣、参与程度	
	3. 会与别人交流合作	
	4. 掌握基本音乐知识与技能	

（续表）

评价项目	评价标准	评价结果（三色叶子）
成果展示	1.活动过程记录	
	2.音乐综合性实践展示	
	3.成果创意	

五、选拔"灵动小主播"，展现学习成果

"灵动小主播"让儿童发挥自主学习，自我创作的能力。

（一）"灵动小主播"主要形式

音乐是最灵活多变的艺术表现形式，整合资源，与时俱进，通过不同年龄段为儿童制定不同主题的音乐内容的微课堂，由儿童自己担任微课堂小主播进行音乐知识技能的讲授、展示。通过"灵动小主播"评价标准，音乐工作坊成员遴选出每学期最灵动的音乐小主播。

（二）"灵动小主播"评价要求

表6-9　合肥市稻香村小学"灵动小主播"儿童评价表

评价项目	评价标准	评价结果（三色叶子）
主题内容	紧扣主题，内容健康向上	
展现形式	流程设计富有创新，深入浅出，清楚表述要讲述的知识，展示技能完整流畅，具有个人风格	
播放质量	1.服装造型符合展示主题内容，化妆得体 2.视频图像清晰	
成果展示	1.课堂微课展示	
	2."音乐工作坊"公众号主题展示	
	3.每学期选出一等奖作为学校"灵动小主播"，在升旗仪式上颁发奖状	

综上所述，"灵动音乐"是以儿童为主体，激发艺术审美，通过创造性的合作自主性学习方式，让儿童通过聆听、欣赏、歌唱、创编等多种形式，积累音乐素材，提升音乐修养。"灵动音乐"注重儿童的审美体验，增加了儿童

艺术欣赏的积累，在学习过程中让儿童灵动美好。通过"灵动课堂"的学习、"灵动音乐节"的熏陶、"灵动社团"的浸润、"灵动赛事"的磨砺、"灵动小主播"的成长，陶冶情操，启迪智慧，使儿童真正乐享音乐学习过程的精彩和创造的乐趣。

（撰稿人：苏璐璐　张薇　沈晖）

后记

在泛项目化课程的研究实践过程中，我们需要冷静地审思目前的实施困境及突破路径，在不断迭代中推进泛项目化课程学习，让儿童的学习真正发生，让学校的课程真实生长。著名的人工智能专家西蒙·派珀特在《头脑风暴：儿童、计算机及充满活力的创意》中说："好的教育不是如何让老师教得更好，而是如何提供充分的空间和机会让学习者去构建自己的知识体系。"从这个角度来看，"教什么、谁来教和怎么教"是三个重要问题。

我们提出的泛项目化课程，密切联系学生生活和社会实际，深入探究了这三个重要问题，从"知识教学"转向"真实问题的解决"，从"教师主导"转向"学生自主"，从"知识传授"转向"能力发展"。泛项目化课程按照授课对象的认知规律和能力培养规律，科学、合理地形成富有专业特色的课程群，课程的设置完全契合国家课改要求，能较好地平衡国家课程、地方课程、校本课程之间的关系。在实施泛项目化课程过程中，各个学校要结合学校特色，落实社团育人、展演（展示）育人的新要求，推进课程教学、社会实践和校园文化建设等各方面的深度融合，形成统筹各方资源、协同育人的新格局，构建面向人人的学校艺术教育新体系。

在艺术教育过程中，眼里有光、心中有爱、笔下有情是我们最愿意看到的学生学习状态。作为一名艺术教育工作者，不忘初心、牢记使命，因为我们教育的根本出发点和归宿是人的发展，我们要体现"以儿童全面发展为本"的教育理念，强调形成积极主动的学习态度，让儿童拥有一双发现美、感受美的眼睛，捕捉生活中美的瞬间，感受世界万物的自然之美，加上自己的创造之美，带给自己，也带给他人美的体验、美的氛围，并带着这份情怀走过流金岁月，成就美好的未来！

这一年，在蜀山区艺术学科课程群建设的前行路上，有专家、导师的引领，有团队的合作与陪伴，才使得每所项目学校课程规划有逻辑，学科课程建设方案有特色。感谢蜀山区五所参与项目学校团队的辛苦付出，正是你们的努力探索、集思广益、勇于实践、不断反思，才制定完成了书中每一个精彩又独特的学科课程方案。

在教育的长河中，我们伸手可触的地方，就是工作中的每一个细微之处。只有把握住每一个细节，我们充满生机的教育田野，才会洋溢着碧绿的春意，充盈着生活的甜蜜，品味着生命的魅力。只要我们真心对待每一个儿童，收获的都将是一张张充满灿烂阳光的笑脸。

展望未来，在艺术教育中，难免会遇到各种各样的困惑和阻碍，但是不经历风雨又怎么能见美丽彩虹？2020年10月中共中央办公厅、国务院办公厅印发了《关于全面加强和改进新时代学校美育工作的意见》，从构建德智体美劳全面培养的教育体系出发，对学校美育工作进行再认识、再深化、再推进、再设计、再部署，进一步强化学校美育育人功能，进一步凸显美育的价值功能。这对一直处于沉默和边缘化状态的艺术教育者无疑是冬日里遇到了暖阳，黑夜里看到了一盏明灯。借着这温暖的力量，我们将沿着明灯指引的方向，更加坚定地一如既往地前行。我们编写了这本《泛项目化课程：艺术学科视角》，旨在为儿童的艺术学习上尽一份微薄之力，在教与学的探索创新之路上不懈努力，让兴趣引领每一个儿童前行，让每一个儿童绽放生命的精彩。

我们行走在学科课程建设的路上，深知艺术教育的重要性。相信我们今天的努力，定将为儿童的人生增添几分绚丽的色彩。因在课程建设中理论知识还不够丰富，艺术课程的设置还需要时间的检验，书中若有不妥之处，恳请读者提出宝贵建议。成书的过程中得到了很多人的鼓励和支持，在此一并致以感谢。

编　者

2021年6月3日

"品质课程"阅读书目

品质课程聚焦丛书

特色学校聚焦丛书

让教育温暖而芬芳	978-7-5760-0537-0	36.00	2020 年 9 月
快乐教育与内涵生长	978-7-5760-0517-2	46.00	2020 年 12 月
故事教育与儿童发展	978-7-5760-0671-1	39.00	2021 年 1 月
美好教育：学校内涵发展的循证研究	978-7-5760-0866-1	34.00	2021 年 3 月
把美好种进儿童心田	978-7-5760-0535-6	36.00	2021 年 3 月
倾听生命的天籁："天籁教育"的实践与探索	978-7-5760-1433-4	38.00	2021 年 9 月
为了每一个孩子的美好心愿	978-7-5760-1734-2	50.00	2021 年 9 月
向着优秀生长："模范教育"的理念与实践	978-7-5760-1827-1	36.00	2021 年 11 月
让个性自然发荣滋长："引发教育"的理论寻源与实践探索			
	978-7-5760-2600-9	38.00	2022 年 3 月
面向每一个生命的教育	978-7-5760-2623-8	44.00	2022 年 8 月
让每一个生命澄澈明亮："小水滴"课程的旨趣与创意			
	978-7-5760-2601-6	54.00	2022 年 8 月

跨学科课程丛书

大情境课程：主题设计与创意评价	978-7-5760-0210-2	44.00	2020 年 5 月
社会参与素养的培育模型与干预机制	978-7-5760-0211-9	36.00	2020 年 5 月
大概念课程：幼儿园特色主题活动设计	978-7-5760-0656-8	52.00	2020 年 8 月
项目学习：进入学科的课程智慧	978-7-5760-0578-3	38.00	2021 年 4 月
STEAM 课程的设计与实施	978-7-5760-1747-2	52.00	2021 年 10 月

核心素养导向的课堂教学丛书

转识成智的课堂教学：核心素养导向的历史教学			
	978-7-5760-0164-8	40.00	2020 年 5 月
学导式教学：学会学习的教学范式	978-7-5760-0278-2	42.00	2020 年 7 月
高阶思维教学的关键技术	978-7-5760-0526-4	42.00	2021 年 1 月
会呼吸的语文课：有氧语文的旨趣与实践	978-7-5760-1312-2	42.00	2021 年 5 月
高阶思维教学的核心指向	978-7-5760-1518-8	38.00	2021 年 7 月
磁性课堂：劳动技术课就这样上	978-7-5760-1528-7	42.00	2021 年 7 月
核心素养导向的作业设计	978-7-5760-1609-3	40.00	2021 年 8 月
语文，让精神更明亮	978-7-5760-1510-2	42.00	2021 年 9 月
"六会"教学法：基于核心素养的课堂教学	978-7-5760-1522-5	42.00	2021 年 9 月

深度教学的内在维度：数学反思性学习的六个策略			
	978-7-5760-2590-3	36.00	2022 年 3 月
具身学习的 18 种实践范式	978-7-5760-2591-0	38.00	2022 年 6 月
课堂是照亮彼此的地方	978-7-5760-2621-4	46.00	2022 年 7 月
以学习为中心的课堂范型	978-7-5760-2622-1	42.00	2022 年 8 月
简练语文：教学主张与实践智慧	978-7-5760-2681-8	56.00	2022 年 9 月

📖 特色课程建设丛书

教师，生长的课程	978-7-5760-0609-4	34.00	2020 年 12 月
学校课程发展的实践范式	978-7-5760-0717-6	46.00	2020 年 12 月
学科课程群设计方法	978-7-5760-0579-0	44.00	2021 年 3 月
学校美育课程的立体建构：菁华园课程的逻辑与框架			
	978-7-5760-0610-0	36.00	2021 年 3 月
关键学习素养与学科课程设计	978-7-5760-1208-8	34.00	2021 年 4 月
学校课程设计：愿景建构与深度实施	978-7-5760-1429-7	52.00	2021 年 4 月
生长性课程：看见儿童生长的力量	978-7-5760-1430-3	52.00	2021 年 4 月
"慧阅读"课程：儿童视角	978-7-5760-1608-6	42.00	2021 年 6 月
幼儿个性化运动课程	978-7-5760-1825-7	56.00	2021 年 11 月
幼儿园特色课程的框架与实施	978-7-5760-2598-9	48.00	2022 年 3 月
课程是鲜活的："大视野课程"的旨趣与活性	978-7-5760-2599-6	42.00	2022 年 7 月
指向核心素养培育的学校课程图谱	978-7-5760-2624-5	42.00	2022 年 7 月

📖 课堂教学新样态丛书

课堂，与美最近的距离：基于学科核心素养的课堂教学变革			
	978-7-5675-7486-1	38.00	2018 年 4 月
协同教学：意蕴与智慧	978-7-5675-8163-0	48.00	2018 年 9 月
决胜课堂 28 招	978-7-5760-2625-2	52.00	2022 年 4 月